编 委

郝文杰	全国民航职业教育教学指导委员会副秘书长、中国民航管理干部学院副教授
江丽容	全国民航职业教育教学指导委员会委员、国际金钥匙学院福州分院院长
林增学	桂林旅游学院旅游学院党委书记
丁永玲	武汉商学院旅游管理学院教授
刘元超	西南航空职业技术学院空保学院院长
杨文立	上海民航职业技术学院安全员培训中心主任
范月圆	江苏航空职业技术学院航空飞行学院副院长
定 琦	郑州旅游职业学院现代服务学院副院长
黄 华	浙江育英职业技术学院航空学院副院长
王姣蓉	武汉商贸职业学院现代管理技术学院院长
毛颖善	珠海城市职业技术学院旅游管理学院副院长
黄华勇	毕节职业技术学院航空学院副院长
魏 日	江苏旅游职业学院旅游学院副院长
吴 云	上海旅游高等专科学校外语学院院长
刘晏辰	三亚航空旅游职业学院民航空保系主任
史金鑫	中国民航大学乘务学院民航空保系主任
汤 黎	武汉职业技术学院旅游与航空服务学院副教授
江 群	武汉职业技术学院旅游与航空服务学院副教授
汪迎春	浙江育英职业技术学院航空学院副教授
段莎琪	张家界航空工业职业技术学院副教授
王勤勤	江苏航空职业技术学院航空飞行学院副教授
覃玲媛	广西蓝天航空职业学院航空管理系主任
付 翠	河北工业职业技术学院空乘系主任
李 岳	青岛黄海学院空乘系主任
王观军	福州职业技术学院空乘系主任
王海燕	新疆职业大学空中乘务系主任
谷建云	湖南女子学院管理学院副教授
牛晓斐	湖南女子学院管理学院讲师
戴 璐	海口经济学院旅游与民航管理学院讲师
胡 飞	中国民航大学乘务学院民航空保系讲师

高等职业学校"十四五"规划民航服务类系列教材

民航服务礼仪

主　编◎丁永玲
副主编◎王姣蓉　牛晓斐　陆　蓉　陈君璐
参　编◎何　露　谭　婷

华中科技大学出版社
http://www.hustp.com
中国·武汉

内 容 提 要

本教材以学生职业气质养成和职业能力培养为目标,通过对民航业典型服务岗位工作的过程分析,整合序化教材内容,形成民航服务礼仪概述、民航服务人员职业形象塑造、民航服务人员语言礼仪、民航服务人员接待礼仪、民航服务人员岗位礼仪和航空外事礼仪六大模块。本教材将理论与实践,实践与训练,训练与养成习惯紧密结合,同时贯穿课程思政元素,有机融入职业精神与工匠精神,用教材中的礼仪文化熏陶学生,影响整个人生。

通过本教材的学习,学习者能够深入了解民航服务礼仪相关知识、工作岗位要求和标准,全面提升服务水平与能力。

图书在版编目(CIP)数据

民航服务礼仪/丁永玲主编.—武汉:华中科技大学出版社,2022.4
ISBN 978-7-5680-4291-8

Ⅰ.①民… Ⅱ.①丁… Ⅲ.①民用航空-乘务人员-礼仪-教材 Ⅳ.①F560.9

中国版本图书馆 CIP 数据核字(2022)第 048959 号

民航服务礼仪 丁永玲 主编
Minhang Fuwu Liyi

策划编辑:胡弘扬 汪 杭
责任编辑:胡弘扬 汪 杭
封面设计:廖亚萍
责任校对:刘 竣
责任监印:周治超

出版发行:华中科技大学出版社(中国•武汉) 电话:(027)81321913
　　　　　武汉市东湖新技术开发区华工科技园 邮编:430223
录　　排:华中科技大学惠友文印中心
印　　刷:武汉开心印印刷有限公司
开　　本:787mm×1092mm 1/16
印　　张:10.25 插页:2
字　　数:256 千字
版　　次:2022 年 4 月第 1 版第 1 次印刷
定　　价:49.80 元

本书若有印装质量问题,请向出版社营销中心调换
全国免费服务热线:400-6679-118 竭诚为您服务
版权所有 侵权必究

INTRODUCTION
出版说明

民航业是推动我国经济社会发展的重要战略产业之一。"十四五"时期,我国民航业将进入发展阶段转换期、发展质量提升期、发展格局拓展期。2021年1月在京召开的全国民航工作会议指出,"十四五"期末,我国民航运输规模将再上一个新台阶,通用航空市场需求将进一步激活。这预示着我国民航业将进入更好、更快的发展通道。而我国民航业的快速发展模式,也进一步对我国民航教育和人才培养提出了更高的要求。

2021年3月,民航局印发《关于"十四五"期间深化民航改革工作的意见》,明确了科教创新体系的改革任务,要做到既面向生产一线又面向世界一流。在人才培养过程中,教材建设是重要环节。因此,出版一套把握新时代发展趋势的高水平、高质量的规划教材,是我国民航教育和民航人才建设的重要目标。

基于此,华中科技大学出版社作为教育部直属的重点大学出版社,为深入贯彻习近平总书记对职业教育工作作出的重要指示,助力民航强国战略的实施与推进,特汇聚一大批全国高水平民航院校学科带头人、一线骨干"双师型"教师以及民航领域行业专家等,合力编著高等职业学校"十四五"规划民航服务类系列教材。

本套教材以引领和服务专业发展为宗旨,系统总结民航业实践经验和教学成果,在教材内容和形式上积极创新,具有以下特点:

一、强化课程思政,坚持立德树人

本套教材引入"课程思政"元素,树立素质教育理念,践行当代民航精神,将忠诚担当的政治品格、严谨科学的专业精神等内容贯穿于整个教材,使学生在学习知识的"获得感"中,获得个人前途与国家命运紧密相连的认知,旨在培养德才兼备的民航人才。

二、校企合作编写,理论贯穿实践

本套教材由国内众多民航院校的骨干教师、资深专家学者联合多年从事乘务工作的一线专家共同编写，将最新的企业实践经验和学校教科研理念融入教材，把必要的服务理论和专业能力放在同等重要的位置，以期培养具备行业知识、职业道德、服务理论和服务思想的高层次、高质量人才。

三、内容形式多元化，配套资源立体化

本套教材在内容上强调案例导向、图表教学，将知识系统化、直观化，注重可操作性。华中科技大学出版社同时为本套教材建设了内容全面的线上教材课程资源服务平台，为师生们提供全系列教学计划方案、教学课件、习题库、案例库、教学视频音频等配套教学资源，从而打造线上线下、课内课外的新形态立体化教材。

我国民航业发展前景广阔，民航教育任重道远，为民航事业的发展培养高质量的人才是社会各界的共识与责任。本套教材汇集来自全国的骨干教师和一线专家的智慧与心血，相信其能够为我国民航人才队伍建设、民航高等教育体系优化起到一定的推动作用。

本套教材的编写难免有疏漏、不足之处，恳请各位专家、学者以及广大师生在使用过程中批评指正，以利于教材质量的进一步提高，也希望并诚挚邀请全国民航院校及行业的专家学者加入我们这套教材的编写队伍，共同推动我国民航高等教育事业不断向前发展。

华中科技大学出版社

2021 年 11 月

PREFACE 序

2022年雨水节的一个午后,阳光灿烂。

华中科技大学出版社的编辑将《民航服务礼仪》样稿通过微信发给我看,历时两年,这本书终于要出版了,我心情顿时雀跃起来,感觉空气中都弥漫着欣喜的味道。

2019年岁末,因我是教育部全国民航职业教育教学指导委员会委员(2013年—2019年),出版社领导和编辑到访学校,专门向我咨询、调研有关民航教育、教材的情况,希望我支持出版社组稿一套民航空乘专业系列教材,我尽力给予了帮助。2020年春季,出版社邀请我担任《民航服务礼仪》教材主编。我思忖:2015年重庆大学出版社曾邀请我主编、出版了高等院校航空服务类教材《民航服务礼仪》。5年的光景,时光的车轮已驶入新时代,民航业的发展也是日新月异,是该再版一本新的《民航服务礼仪》教材了。于是,我接受了邀请。

这本书的编写过程恰逢我国进入发展质量提升期,高质量发展是时代的主题。在"以需求为导向,以他人为中心"的数字经济时代,教科书的更新速度远远跟不上时代的步伐。刚刚落下帷幕的北京冬奥会,向全世界展示了中华文化独特魅力,让文化自信有了新的时代表达;作为"中国服务"标杆的民航业,也正朝着"以高品质服务,为旅客创造更好的出行体验"的目标而不断变革、精进……但是,无论如何,对于礼仪教育者来说,我们需要给大家提供一些贴近时代、贴近行业、贴近岗位、贴近现实的学习资料,为人们的理解认知和实践提供一个与时俱进的学习支点。

本书以"立德树人"为最高使命,坚持"课程思政"的教育理念,编写理论以"必需、够用"为度,强化实践应用。将思政元素、民航"真情服务"理念与礼仪知识点巧妙结合,做到润物无声,充分体现思政性、职业性、实践性和开放性。并着力突出材料呈现的可读性。

本书分为6个项目,共16项任务。

项目一为民航服务礼仪概述,主要探讨了民航服务礼仪的核心问题,比如礼仪的基本理论与知识、服务与民航服务的概述,民航服务礼仪与优质服务的关系，民航服务人员礼仪素质与能力的培养等，本项目还将知识关联、行动指南、知识链接、行业资讯、专家剖析等栏目穿插其中，这些内容既有对传统礼仪的继承，又有对行业发展现状的介绍，还有对具体服务礼仪案例的推介，添加了新颖的观点和内容。

项目二按照民航服务人员职业形象塑造要求，介绍了民航服务人员仪容礼仪、仪表礼仪和仪态礼仪的规范与要求。特别增加了民航服务人员规范着装、标准的仪态、姿势的图片，以便读者进一步了解和掌握仪容、仪表、仪态等礼仪规范，其知识链接案例也非常贴近时代，贴近民航业岗位实际。

项目三从对客服务的角度，介绍了民航服务人员基本礼貌用语、民航服务用语、电话礼仪应具备的原则，交谈礼仪应具备的事项。其中民航服务用语应注意声音塑造，以及把握交谈细节和民航服务沟通技巧，凸现了民航服务礼仪的职业差异性。

项目四从接待礼仪的流程，介绍了迎接礼仪、引导礼仪和送别礼仪的规范和要求，具有非常实际的指导性。其中知识链接"握手礼的由来""空乘面试中自我介绍范文""茶水服务礼仪细节""座次礼仪的来源"等具有故事性、实践性和历史性。

项目五按照民航服务人员岗位分类，探讨了民航客舱服务礼仪和民航地面服务礼仪的具体规范和要求。其中登机前的礼仪规范、客舱迎送礼仪的规范、客舱巡视的礼仪规范、客舱广播的礼仪规范、客舱餐务的礼仪规范，以及候机楼值机服务、问询服务、VIP要客服务、值机台服务异议处理的礼仪规范等，体现了民航服务礼仪的职业特性。

项目六从涉外服务的角度，探讨了航空外事礼仪的规范和要求。如世界各国家、民族及宗教风俗习惯，中外主要节日及礼俗，世界各国色彩，数字和花木礼仪寓意等。其中知识关联、案例分析具有故事性、趣味性和启发性。

为了改善教学效果，提高教材的使用效率，满足高校授课教师的教学需求，本套教材备有与纸质教材配套的教学课件（PPT电子教案）和拓展资源（案例库、习题库等）。

民航服务礼仪是体现民航服务的具体过程和手段，使无形的服务有形化、规范化、系统化。民航服务作为对外交流的窗口、中国服务的标杆，是传播中国优秀传统文化，践行文化自信的一个良好载体，民航服务人员有义务和实力扛起传播中国文化这面大旗。我以为：通过培养专业学生高品质服务能力来践行文化自信的理念，传播中华文化的魅力，既是高职院校航空服务专业建设职责所在，也是发展所需，更是人才所盼。

未来的中国服务，将是一个无远弗届的中国文化软实力的奇迹。期待这本《民航服务礼仪》能够见证这个美好时代的来临。

本书在成稿过程中，有幸得到多位高职院校老师们的支持参与，使编写任务得以顺利完成；华中科技大学出版社的编辑们提前介入谋划，为组稿思路指明方向。拳拳之心，殷殷之情，让人受益良多，在此一并感谢。

丁永玲

2022 年 3 月 6 日于武汉寓所

项目一	民航服务礼仪概述	1
	任务一　认识礼仪	2
	任务二　民航服务礼仪的基本知识	13
	任务三　民航服务人员的礼仪素质与能力的培养	24

项目二	民航服务人员职业形象塑造	29
	任务一　民航服务人员仪容礼仪	30
	任务二　民航服务人员仪表礼仪	34
	任务三　民航服务人员仪态礼仪	37

项目三	民航服务人员语言礼仪	47
	任务一　民航服务语言	48
	任务二　民航服务沟通技巧	57

项目四	民航服务人员接待礼仪	61
	任务一　迎接礼仪	62
	任务二　引导礼仪	73
	任务三　送别礼仪	77

项目五	民航服务人员岗位礼仪	84
	任务一　民航客舱服务礼仪	85
	任务二　民航地面服务礼仪	109

项目六 航空外事礼仪 ······ 118

  任务一 世界各国家、民族及宗教的风俗习惯 ······ 119
  任务二 中外主要节日及礼仪 ······ 140
  任务三 世界各国色彩、数字和花木的礼仪寓意 ······ 145

参考文献 ······ 153

项目一　民航服务礼仪概述

项目目标

知识目标

了解中国礼仪和西方礼仪的发展脉络与差异,掌握礼仪的内涵和特点,理解礼仪的基本原则。

了解服务的含义和特征,掌握民航服务的原则,理解民航服务礼仪的内涵与优质服务的关系。

了解民航服务人员所需具备的素质、能力和教育要求。

能力目标

学生通过对民航服务礼仪基本理论知识的学习,端正服务的态度,培养民航服务礼仪的意识,做好对旅客服务的心理准备、思想准备和行为准备。

素质目标

掌握礼仪规范要求,增强自身文明修养。

知识框架

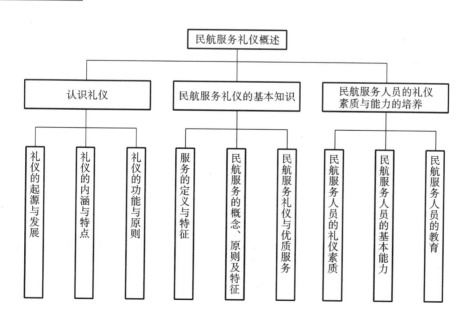

项目引入

某航空公司曾过发生这样一件事情:某机组正在执行从乌鲁木齐到和田的飞行任务,飞机快降落时,客舱里一位维吾尔族老大爷挥舞着双手,高声叫喊着向乘务员跑来,"你们一定要帮帮我,一定要帮帮我呀"。乘务员一边回应他,"注意安全,不要跑动",一边微笑迎过去询问缘由。原来这位维吾尔族老大爷不慎将一个装有很多金银首饰和外币的布包遗留在乌鲁木齐机场宾馆。乘务员微笑着对他说,"老大爷,请您回座位安心坐好,我负责帮您联系宾馆,请您放心,我一定帮您查到东西的下落",并帮老大爷将安全带系扣好。

回到乌鲁木齐已是中午,这位乘务员没有顾得上休息,急忙赶往机场宾馆,找到了老大爷遗失的物品。

第二天,当老大爷从和田机场值班经理手中接过失而复得的布包时,激动地流下了热泪,连声说:"感谢乘务员,真要感谢乘务员啊!"

问题思考:
1. 你认为乘务员是以什么方式化解老大爷焦虑心情的?
2. 乘务员处理此事的方式给予我们什么启示?

任务一 认识礼仪

礼仪是社会发展的产物,是在人类长期的社会实践活动中逐步形成、发展、完善起来的。中西方由于地理位置、历史文化背景有所不同,在礼仪上也存在一定的差异。尽管中外礼仪种类纷繁,但总体来看,其反映人们追求真善美的愿望是一致的,其基本礼仪均为社会各阶层人士所共同遵守的准则与行为规范。

一、礼仪的起源与发展

古今中外,礼仪的发展经历了漫长的,不断形成、沉淀、完善与进步的过程。

(一)礼仪在中国的发展

礼仪起源于人类社会形成之初,经历了漫长的发展过程。《说文解字》中对礼的解释为:"礼,履也。所以事神致福也。从示从丰。"其中,"示"就是今天的"礻"偏旁。在古代它通常与"预卜"和"占卜"有关。传说商王向苍天神灵、祖先灵魂祈求愿望时,通常使用龟甲或兽骨占卜,并根据其裂纹的方向和形状来决定征战、狩猎、建筑、年成、生老病死等。"豆"是古代礼器的一种,礼器是古人祭祀时行礼的器物,它包括烹煮器、食器、酒器、水器和乐器等。"豆"属于食器,它主要用于盛放黍、稷、稻、粱等熟食的器物。在原始社会,生产力极其低下，人类处于蒙昧无知的状态，对千变万化的自然现象如日月星辰、山川河流、风雨雷电等无法解释，便将之神秘化、人格化，并想象出各种神灵来进行顶礼膜拜，通过祭祀天地神明，保佑生态环境的美好。因此，中国古礼是指用来事神致福的器物和仪式。它是先人们寻求与大自然（神灵）的一种沟通方式，希望此举来缓和人与大自然之间的矛盾，调整人与大自然之间的关系。这种对神灵的祭礼逐步被移植到日常生活中，如耕作狩猎、饮食娱乐等活动要按照一定的程序进行，并逐步扩大到社会的各个方面，表明了先人在追求与大自然之间的平衡与和谐后，开始追求人际关系的平衡与融洽。因此，礼仪的内容已经发生了根本的变化，从控制自然开始向控制人类社会转化，这标志着人类文明的发展与进步。

当人类进入奴隶社会、封建社会以后，礼开始为统治阶级所利用，成为维护自身利益的机制和道德规范。正如荀子所说："礼者，贵贱有等，长幼有差，贫富轻重，皆有称也。"

鸦片战争使我国的国门被西方列强打开，之后伴随着西方政治、经济、文化、思想的渗透，中国的传统礼仪文化也受到冲击。一些当时西方流行的握手礼、注目礼、敬礼等礼仪礼节，在我国被接受和运用。

辛亥革命后，在推翻封建制度思潮的影响下，符合现代社会道德、思想、伦理观念的新礼开始兴起，剪辫子、脱马褂、穿西装、去跪拜成为一种时尚，这些礼仪形式的变化，反映了时代的进步，反映了当时中国资产阶级革除陈规陋习的良好愿望，推动了礼仪文化的发展。

中华人民共和国成立后，中国人民彻底推翻了压在身上的三座大山，真正成为国家的主人，人与人之间的关系发生了根本性的变化，人与人之间的地位是平等的，不分贵贱，不分等级。人与人之间的关系也是以平等相处、友好往来、相互帮助、团结友爱为主要原则的，那些反映旧的等级制度的礼仪形式被彻底抛弃。

改革开放以来，我国强化了提升公民文明素质的顶层设计，相继出台了引导公民增强文明礼仪意识、不断提高自身道德修养的相关文件，如《中共中央关于加强社会主义精神文明建设若干重要问题的决议》《新时代公民道德建设实施纲要》等，这使我国的社会风尚得到明显好转。特别是2013年中共中央办公厅印发的《关于培育和践行社会主义核心价值观的意见》，更是在充分吸收和借鉴中华传统文化核心价值基础上对我国社会主义价值的总体认识和根本看法，高度凝练了社会主义核心价值观的科学内涵，包括国家层面倡导富强、民主、文明、和谐的价值目标，社会层面倡导自由、平等、公正、法治的价值取向，个人层面倡导爱国、敬业、诚信、友善的价值准则。社会主义核心价值观经过广泛的宣传、教育、引导，使得我国社会民众为家庭谋幸福、为他人送温暖、为社会做贡献的理念与行为蔚然成风，中国的文明风尚不断开出新花来。

（二）礼仪在西方的发展

礼仪在英文中为Etiquette，来源于法语，指法庭上的通行证，后逐渐演变为礼仪、礼节和规矩等含义，其中也体现出其原始含义中所蕴含的尊重与威仪。在欧洲，礼仪的形成与早期古希腊、古罗马的城邦制有深刻的关系，进入中世纪后，礼仪的形成深受宗教与法国、英国宫廷文化的影响，并逐渐成为国际通行的礼节基础。

在古希腊的传说时代，伟大的《荷马史诗》等作品体现出人与神的斗争过程，展示着人性勇敢、智慧的一面，并且把"作战英勇，能言善辩，谦恭有礼，高度负责，甚至对战败者的宽宏大量和对自己的高度责任感"当作不可缺少的高贵品质。公元前6世纪至公元前4世纪,古希腊公开的议事制度与抽签选举方式构建了较为平和的社会氛围,为礼仪的形成创造了较好的条件,在城邦关系的处理中,见面行握手礼、问好、直呼其名等礼节逐渐开始通行。在人与人见面的礼节上,古希腊还制定了"优遇外侨"的制度,并设置负责礼宾的"外侨官"。公元前5世纪,古希腊伟大的哲学家苏格拉底提出了著名的思想:金钱并不能带来美德,美德却可以带来金钱,以及个人和国家的其他一切好事。① 他认为,应当把礼仪同美德、知识、规矩联系在一起,教育人们不仅要遵守礼仪规范,更主要的是明白为什么要遵守礼仪规范,怎样做到礼仪规范。② 这一思想影响深远,对美德的强调体现了古希腊在礼仪方面的深刻认知。

古罗马早期,由于罗马城的平民与贵族不断地发生着矛盾与斗争,所以从贵族中选出两名执政官行使最高的行政权力以治理国家成为一种基本的政治制度,由此国家管理更加高效,法律建设更加完备。礼在这一过程中开始形成一些特有的规定,如礼待客卿法,即接待客人的特别要求,而在"罗马法"中,也规定了对外国使节的特殊礼遇。

■ 知识关联

《维也纳外交关系公约》

《维也纳外交关系公约》(Vienna Convention on Diplomatic Relations)作为国际公约,于1961年4月18日在奥地利首都维也纳召开的联合国关于外交交往与豁免的会议上签订。公约于1964年4月24日开始生效。最初的签约国有60个,我国在1975年11月25日加入该公约。

《维也纳外交关系公约》共计53条,对有关常驻外交使节的选派、接受、位次、特权等国家权利与义务作了规定,公约在关于国与国之间互派大使的基本规定外,提出了对大使馆属地的权利和一些基本的权益维护,设定了一国大使及其家属、工作人员应该享有的礼遇和保护,特别提出"一国使节可以一切合法手段调查接受国之状况及发展情形,向派遣国政府具报",规定使馆有权在使馆馆舍及使馆馆长寓邸与交通工具上使用派遣国之国旗或国徽,使馆内的财产及文件受到保护。同时明确规定"外交代表人身不得受到侵犯",外交使节享有职务工作的豁免权,具有免除各种税费的特权,并有私人行李免受查验等权利。

这种通行于世界各国的对外交使节的礼遇,构建了各国友好相处的前提,为国与国之间的平等协商、相互礼让的解决外交事务营造了较为良好的环境,从总体上为参与国提供了一个礼待外交使节的制度保障。它所提出的外交特权及豁免等原则和礼仪规范,以及涉及外交关系的各种规定,成为当今一直通行的国际共识和普遍遵守的国际礼仪规范。

(来源:蒋楠,熊茜,杨丽萍.公共关系礼仪[M].北京:科学出版社,2018.)

中世纪以来,宗教对西方礼仪的形成带来了持久而深刻的影响,烦琐而等级清晰的宗教礼仪渗入普通人的日常生活中,随着文艺复兴的激荡和资产阶级革命的影响,一些礼仪规则成为一种生活方式留在了人们的日常生活之中,如女士优先原则、吃饭前的祷告、婚礼

---

① 寿长华.一句话的力量[M].北京:现代出版社,2005.
② 王福山.论西方礼仪文明思想的发展[J].常州大学学报(社会科学版).2015,16(04):14-17.

的宗教化、对13数字的忌讳、宗教节日的流行等。有人认为:"中世纪和文艺复兴的连续影响把妇女置于社交生活的中心,使妇女成为受尊重的对象,这是其他文明所没有的。"① 而法国和英国的宫廷礼节也随着资产阶级思想的广泛传播而流行到民间。弗·培根、约翰·洛克、伏尔泰、孟德斯鸠、卢梭等也在这时期提出了许多有价值的礼仪教育思想,对西方礼仪的进步与完善起到了重要的作用。

(三)中西礼仪的比较

东方文明和西方文明是完全不同的两种文明,东方以道家、儒家思想为核心,而西方以基督教为核心,讲求的是英雄主义,而且他们用较短的时间创造了灿烂的文明。中西方两种文化思想的不同,造成了道德标准体系和价值观的不同,呈现出千差万别的礼仪特点。

1 见面礼仪的差异

1) 称谓的差异

汉语中的亲属称谓有泛化使用的倾向,年轻人对长辈称"叔叔""阿姨";对平辈称"大哥""大姐"。在公共场合则用"同志"或者"师傅",大家都礼貌地接受。西方人亲属称谓粗疏模糊,相对贫乏,而且指称宽泛、语义不清,除区分辈分外,什么都可以忽略不计。比如一个"Cousin"就相当于汉语的"堂兄""堂弟""表哥""表弟""堂姐""堂妹""表姐""表妹"8个词。因为西方人呼吁的是人格平等,不管年龄都可直呼其名,以表亲近。因此,英语中亲属称谓远没有汉语这么多,使用频率也没有这么高。

2) 问候的差异

中国人的寒暄问候诸如"吃了没有""上哪里去""忙什么呢"等,对于这类问候语,一般没有必要予以实质性的答复,多用于熟人之间在路上相遇时的一句客套话。相当于西方人见面时说"Hello"(你好)或"Good Morning"(早上好),就像英国人见面喜欢说"It's a fine day today"(今天天气不错)一样。如果你用中国人的习惯去问候西方人,就会被认为是在关注对方的隐私,打听他们的私事,会被认为是不尊重对方的行为。

3) 交际语言的差异

在中国,谦逊是一种美德,低调是一种态度。当受到别人夸奖的时候,中国人喜欢说"哪里""还不够""不够好"等,而这些却不符合西方人的传统。在西方文化里,夸奖别人的人总是希望对方对他的赞扬做出肯定的评价和积极的反应,比如,当他们受到别人夸奖的时候,会毫不犹豫地说声"Thank You"(谢谢),这在中国人看来,是不谦虚的表现,这样的人在中国不受欢迎,而中国人的做法在外国人看来也比较"虚伪"。

2 餐饮礼仪的差异

宴请在中西方都是联络感情、增进友谊的方式。但是,同样是宴请,中餐注重的是热情,而西餐讲究的是优雅和浪漫,这就使中西餐饮礼仪存在很大差异,风格大不相同。

---

① 让·塞尔.西方礼仪与习俗[M].高凌瀚,译.上海:上海人民出版社,1987.

1）赴宴举止的差异

中国人参加宴会一般穿着较随便，T恤或牛仔裤、工作服都可以，只有在隆重的场合才会穿得正式一些。而西方人参加宴会绝不可以穿休闲服，尤其是去高档的餐厅，人人都必须穿着整洁，服装考究，男士最好是西装革履，女士要穿套装或晚礼服，并配上高跟鞋。在用餐中，中国人可以举止较随意，拉扯入座，激情劝酒，频频夹菜，主要是为了表达热烈的感情。而西方人用餐时一定要从椅子的左侧入座，并会正确使用餐巾以表示优雅，多饮用红酒，行为举止优雅端庄，整体环境和气氛安静浪漫。

2）饮食氛围的差异

中西方饮食方式的不同形成了饮食氛围的差异，中国人喜欢热闹，很多人围坐一张桌子，有说有笑，高谈阔论，气氛浓烈，情绪容易感染，沟通也较方便，容易拉近彼此间的距离，吃只是形式，增进感情才是目的。而西餐不仅以它健康、合理的食品搭配受到欢迎，它那追求严谨、富于审美情趣、优雅、安静、浪漫的进餐氛围更受到美食家们的赞赏。

3 社交礼仪的差异

1）社交距离的差异

人际交往距离在理论上有亲密区、公务区、社交区和公共区之分。但由于人们所处地区的文化习俗各异、交往对象之间关系亲疏的不同，在社交距离上也会有所不同。在英国人和意大利人的交谈中，意大利人通常喜欢"以攻为主"，而英国人则比较喜欢"镇守驻地"，其实他们都是为了维护自身的利益，保持自己应有的个人空间。由于文化氛围的不同，中国人、日本人以及大多数亚洲人在对于个人空间问题的要求上比西方人的要求少一点。西方人比较热爱宽松的文化氛围，主张自由、平等的个人权利，而东方人受小农经济的影响，对个人空间要求较少。通过以上比较，我们可以知道，只有了解社交中人们所需的自我空间及适当的交往距离，才能有意识地选择与人交往的最佳距离，更好地进行人际交往，促进社交活动的成功。

2）馈赠礼品的差异

送礼是人际交往过程中不可缺少的一种通用的形式。但是，中西方对送礼的认识却是差异甚大，中国有古人云："千里送鹅毛，礼轻情意重。"但是，现今中国人更喜好送贵重的礼品，讲求的是礼品的品质、档次与价值高低，昂贵方显情谊深；而西方人通常不会送非常贵重的礼物，他们讲求的是文化格调、艺术品位，以及浪漫的情调，比如一束代表友情的鲜花或有纪念意义的小工艺品等，并且西方人非常注重礼品的外在包装，认为精美的包装可以表示感情深厚。

不仅如此，各国人在接受礼物时的反应也是大不相同。中国人接受礼物，收礼者会十分腼腆地说，"不要""不要，你拿回去吧，我不能要"。然后经过再三推辞才收下礼物，最后是表示感谢，但不当面拆开。相比之下，西方人则爽快得多，他们会很高兴地直接接受礼物，并且会非常礼貌地当着送礼人的面，把礼物打开，然后表现出自己的喜爱和高兴，并致以谢意。如果西方人送礼物，收礼物者如不马上把礼物打开并表示谢意，送礼人会认为对方不在乎他，对他很冷淡，这是不礼貌的行为；而中国人则认为西方人迫不及待地当面打开礼物是粗俗的举止。

二、礼仪的内涵与特点

（一）礼仪的概念

1　礼仪的古义

《诗经》曰："献酬交错,礼仪卒度。"《说文解字》道："仪,度也。""仪"的本意为法度、标准的意思。《淮南子·修务训》云："设仪立度,可以为法则。"《史记·秦始皇本纪》载："普施明法,经纬天下,永为仪则。"《周礼》载："凡国之大事,治其礼仪,以佐宗伯。"可见在《诗经》和《周礼》中,"礼仪"特指典章制度和法则规范。"仪"还有仪表、仪容之意。如《诗经·大雅·烝民》云："令仪令色,小心翼翼。"《晋书·温峤传》曰："风仪秀整,美于谈论。"等等。礼仪还有礼节和仪式之意,是人们交往过程中外在表现的形式与规则的总和。

2　礼仪的今义

礼仪,作为在人类历史发展中逐渐形成并积淀下来的一种文化,始终以其某种精神的约束力支配着每一个人的行为。礼仪是人类文明进步的重要标志,是适应时代发展、促进个人进步和成功的重要途径。因此,现代礼仪是指人们在社交场合表示友好与敬意的行为规范。大到国家庆典、小至个人的衣食住行,根据其性质、特点都有规定的程序、步骤、标准等。礼仪、法律与道德被称为人生幸福的三位"守护神",但礼仪不像法律那样威严,也不像道德那样肃然。礼仪始终是一个会心的微笑、一种温和的声音、一种怡情悦性的需要。

3　礼仪的内涵

在礼学体系,礼仪的形式存在于社会的一切交往之中,并受历史传统、风俗习惯、宗教信仰、时代潮流等因素的影响。它在层次上要高于礼貌、礼节,其内涵更深、更广。礼仪实际上是由一系列具体的、表现礼貌的礼节所构成的系统。礼仪的内涵有以下几点。

1) 礼仪是一种行为准则与规范

礼仪表现为一定的章法,只有遵守这种习俗和规范,才能适应社会的发展。

2) 礼仪是在一定社会关系中,人们约定俗成、共同认可的行为规范

礼仪首先表现为一些零散的、不成文的规矩、习惯,然后才逐渐上升为大家认可的,用语言、行为、文字进行准确描述和规定的行为准则,并成为人们有章可循、可以自觉学习和遵守的行为规范。

3) 礼仪是一种情感互动的过程

在礼仪的实施过程中,既有施礼者的控制行为,也有受礼者的反馈行为,即礼是施礼者与受礼者的尊重与情感的互动过程。

4) 礼仪的本质是尊重,目的是达到人际交往的和谐

礼仪体现一个人对他人和社会的认知水平、尊重程度,是一个人的学识、修养和价值的外在表现。讲究礼仪是社会文明的显著标志。

4 礼仪的类别

礼仪的表达要注重场合,讲究得体。从内容上看,包括仪容、仪表、仪态、交谈和待人接物等;从对象上看,包括个人礼仪、家庭礼仪、公共礼仪、社交礼仪、政务礼仪、商务礼仪等;从形式上看,礼仪的具体表现为礼貌、礼节、仪表和仪式等。

1)礼貌

礼貌是指人们在交往活动中表示友好、敬意的行为规范。它通过仪表、言谈、举止来体现,如态度友善、遵守秩序、尊老爱幼、仪表端庄、言行一致等。

2)礼节

礼节是人们在社交过程中表示致意、问候、祝愿等的惯用形式。它在礼学体系中处于最表层,是礼仪的重要组成部分,是礼貌的具体表现,如握手、拥抱、鞠躬等。它不是一成不变的,往往会因时间、空间或对象的不同而有所改变。

3)仪表

仪表即人的外表,仪表包括人的发型、容貌、姿态、风度、服饰、个人卫生等。

4)仪式

仪式是指在一定场合举行的具有专门程序、规范化的活动,如开学典礼、签字仪式、新闻发布会、开业庆典、婚礼等。这些仪式可以表达且激发人们的情感、社会责任感。

(二)礼仪的特点

1 普遍性

礼仪是人类文明的表现和象征,具有极为明显的社会性和人文性。它早已跨越国家、民族、时代的界限,不分国别、性别、年龄、阶层,为全人类共同拥有,成为全人类的共同财富。礼仪贯穿人类社会的始终,只要有人类社会存在,就会有礼仪;礼仪渗透于各种社会关系之中,只要有人与人的关系存在,人们就需要通过礼仪来表达彼此的情感和尊重。礼仪被人们广泛用于不同的时代、不同的场合,因此可以说礼仪无时不在、无处不在。大至国家的政治、经济、文化领域,小至个人的衣食住行,礼仪成为人们普遍恪守的、不可缺少的、不可逾越的行为规范。

2 差异性

礼仪作为人类交往过程中约定俗成的行为规范,具有一定的普遍性,但由于其应用的现实条件的不同,礼仪不可避免地存在着差异性。首先,在不同的时代,礼仪具有本质的差异性。封建时代的跪拜礼显示出强烈的地位和人格的等级差异,如今已被追求自由、平等的现代礼仪所替代。其次,不同地域的风俗习惯不同,各个国家、地区、民族形成了具有自身特色的礼仪方式。"十里不同风,百里不同俗",如"OK"的手势在美国意味着"好的""一切正常",在法国却表示"零"或"毫无价值",在日本则代表"钱"。可见,同一礼仪方式在某地可能被视为友好,而在另一地则可能被视为冒犯别人。最后,即使是在同一时间、同一地点、同一民族,针对不同的对象,礼仪也存在着差异性,如握手礼,对男女、长幼、上下、宾主等都有不同的要求。

3 继承性

礼仪是人类历史发展过程中逐步积淀而成的一种文化,它经历了长期的演变过程,并且被一代代传承下来。正如《礼记·礼器》中说:"三代之礼一也,民共由之。"任何一个国家、地区、民族的礼仪文化既一脉相承又不断吸收其他民族的礼仪文化。礼仪的继承性体现在对代表礼仪的、体现社会文明和进步的高尚礼仪的继承和发展。礼仪的继承具有一定的稳定性。礼仪作为一种良好的社会行为规范,在社会发展的一定历史时期内成为社会进步和人类文明的重要标志。同时,礼仪的继承还具有与时俱进的变革性。礼仪不是一味地全盘继承,而是经历一代又一代的去粗取精,在扬弃中不断推陈出新,不断适应时代和社会的需要,同时也推动着时代和社会的进步。

三、礼仪的功能与原则

(一)礼仪的功能

礼仪的功能是表示人们不同地位的相互关系和调整、处理人们相互关系的手段。礼仪的功能表现在以下几个方面。

1 尊重的功能

尊重即向对方表示尊敬、敬意,同时对方也还之以礼。礼尚往来,有礼仪的交往行为往往蕴含着对彼此的尊敬。

2 约束的功能

礼仪作为行为规范,对人们的社会行为具有很强的约束作用。礼仪一经确定和推行,久而久之,便成为社会行为规范。任何一个生活在某种礼仪习俗和规范环境中的人,都自觉或不自觉地受到该礼仪的约束,自觉接受礼仪约束是"成熟的人"的标志,不接受礼仪约束的人,社会就会以道德和舆论的手段对他加以约束,甚至以法律的手段强迫。

3 教化的功能

礼仪具有教化功能,主要表现在两个方面:一方面是礼仪的尊重和约束作用。礼仪作为一种道德习俗,它对全社会的每个人,都有教化作用。另一方面,礼仪的形成、完备和凝固,会成为社会传统文化的重要组成部分,它以"传统"的力量不断地由老一辈传继给新一代,世代相传。在社会进步中,礼仪的教化作用具有极为重大的意义。

■ 行动指南

> 电车里的礼貌课

在西方社会,"女士优先"是男士们恪守的原则,在一些不起眼的小事上谦让和照顾女士,被认为是绅士风度的表现。因此,在不少西方国家,都有一条不成文的规矩,即女士搭乘公共汽车的时候,同车的男士应主动让座。这种情况下,女士无需推让。只要道一声"谢谢",便可安然入座。

一天,正是上班的交通高峰时期,一辆搭乘了不少乘客的电车缓缓地停靠在站台上,一位太太登上了电车,她穿着合体的套装,拎着一只小小的漆皮包,在车里走了一步,便犹豫地站住了,因为客人很多,已经没有空座位了。一位先生见状,便客气地站起来对她说:"请坐这儿吧。"这位太太走上前,看也没看他一眼,便一声不吭地坐下了。让座的先生很诧异,周围的乘客也对她的这种不礼貌的行为感到不满。

这位先生站在她的身边,想了一下,俯下身问:"太太,您刚才说了什么,我没有听清楚。"那位太太抬头看看他,奇怪地说:"我什么也没有说呀。""哦,对不起,太太"那位先生淡淡地说:"我还以为您在说谢谢呢。"

车里的其他乘客都笑了起来,那位不讲礼貌的太太在众人的笑声中羞得满脸通红。

(来源:李荣建.社交礼仪[M].3版.武汉:武汉大学出版社,2016.)

4 调节的功能

礼仪具有调节人际关系的功能。一方面,礼仪作为一种规范、程序,以及作为一种文化传统,对人们之间的关系模式起着规范、约束和及时调整的作用;另一方面,某些礼仪形式、礼仪活动可以化解矛盾、建立新关系模式。可见礼仪在处理人际关系中、在发展健康良好人际关系中,具有重要作用。

(二) 礼仪的原则

1 平等原则

现代礼仪中的平等原则,是指以礼待人,有来有往,既不能盛气凌人,也不能卑躬屈膝。平等原则是现代礼仪的基础,是现代礼仪有别于以往礼仪的主要原则。

礼仪中的优先,与各民族的风俗习惯、宗教信仰等有很大关系。以"女士优先"原则为例,一些国家讲究男女授受不亲,在公共场合,如果男女出双入对,卿卿我我,则被认为是不合礼仪。但同时男士非常尊重女士,对待女士谦逊有礼,见了女士,一般不得主动握手,除非女士先伸手。尽管公共汽车非常拥挤,男士也会让女士们先上车,车上的座位分得很清楚,女士坐前面,男士坐后面。餐厅的情形也一样,男女桌位分开,陌生的男士决不可以随意过界或上前搭讪。

2 互尊原则

古人云:"敬人者,人恒敬之。"只有相互尊重,人与人之间的关系才会融洽、和谐。要想在与人交往中通过礼仪的形式表现出对对方的尊重,就应从以下几个方面做起。

第一,与人交往,要热情而真诚。热情的态度,意味着对别人的隆重接纳,会给人留下受欢迎、受重视、受尊重的感觉,而这本来就是礼仪的初衷。当然,热情不能过火,过分的热情会使人感到虚伪和缺乏诚意。所以,待人热情一定要是尊重他人的真挚情感的自然流露。如果心存不敬,却又故意表现出热情,只会引起反感。

第二,要给他人留有面子。所谓面子,即自尊心。即便一个毫无廉耻之心的人,也存在一定的自尊心。失去自尊是一件非常痛苦、难以容忍的事情。所以,伤害别人的自尊是严重失礼的行为。

第三,允许他人表达思想,表现自己。每个人都有表达自己思想、表现自身的愿望。社会的发展,为人们弘扬个性提供了更为广阔的空间。丰富的个性色彩和多元思想的共存,是现代社会区别于传统社会的一个基本特征。

3 诚信原则

诚信原则是指遵时守信,"言必信,行必果"。取信于人在人际交往中是非常重要的,只有博得人们的信赖,才更有利于成功。信任是需要积累的,民航服务人员与旅客初次打交道,旅客都会抱着怀疑的态度,一旦接触多了,民航服务人员在服务过程中做到言而有信,能够完成对旅客的承诺,例如及时提供毛毯等,也就能够获得旅客的信任,这样更利于开展工作,更好地为旅客服务。自信也是获取信任、取信于人的方法。一个人要对自己有信心,不要因为曾经有过失败或小挫折就失去自信,放弃了自己。其实,一个人有失败并不奇怪,世界上没有常胜将军,关键是要有勇气,跌倒后还能站起来,还能保持自信,自信自己能努力做到最好。

4 宽容原则

宽容就是心胸宽广。海纳百川,有容乃大。能设身处地为别人着想,能原谅别人过失,是一种美德,也被视作现代人的一种礼仪素养。宽容原则包含以下几个方面:第一,入乡随俗。比如中东地区的一些国家,受宗教信仰的影响,禁止女性向家庭成员以外的男人裸露肌肤,严格讲究男女授受不亲。去这些国家访问、做客,就应尊重他们的礼仪规范。第二,理解他人,体谅他人,对他人不求全责备。金无足赤,人无完人。现实生活中的人,没有十全十美的。第三,虚心接受他人对自己的批评意见。人非圣贤,孰能无过。有了过错后允许他人批评指正,才能得到大家的理解和尊重。有时,批评者的意见是错误的,但只要不是出于恶意,就应以宽容大度的姿态对待,有则改之,无则加勉。特别是在工作中,更应注意这个问题。

5 自律原则

礼仪宛如一面镜子,对照着它,你可以发现自己的品质是真诚、高尚还是丑陋、粗俗。因此,真正领悟礼仪、运用礼仪,关键还要看人的自律能力。

■ 知识链接

用礼仪制度增强认同感和归属感

习近平总书记指出:"礼仪是宣示价值观、教化人民的有效方式,要有计划地建立和规范一些礼仪制度,如升国旗仪式、成人仪式、入党入团入队仪式等,利用重大纪念日、民族传统节日等契机,组织开展形式多样的纪念庆典活动,传播主流价值,增强人们的认同感和归属感。"礼仪关乎人格,关乎国格。中华民族自古就以礼仪之邦著称于世,注重树立礼仪之邦的良好形象。我们党历来高度重视对国家重要礼仪的教育与宣传,特别是注重通过礼仪制度褒奖先进,彰显礼仪文化的时代价值。

党的十八大以来,以习近平同志为核心的党中央积极开展形式多样的纪念庆典活动,不断建立和规范礼仪制度。比如,在2019年的中华人民共和国国家勋章和国家荣誉称号颁授仪式中,其前所未有的规格、格外隆重的仪式,既是崇高礼赞又是庄严宣示,号召人们敬仰英雄、学习英雄,用实际行动为实现"两个一百年"奋斗目标和实现中华民族伟大复兴的中国梦贡献力量。实践证明,建立和规范礼仪制度,对于规范人们的言行举止、激发人们干事创业的精气神具有重要意义。新时代,我们要传承发展中华优秀传统礼仪文化,建立和规范礼仪制度,不断增强人们的认同感和归属感。

构建礼仪文化教育体系。建立和规范礼仪制度,首先应大力传承发展中华优秀传统礼仪文化,积极构建家庭、学校、社会、网络共同发力的礼仪文化教育体系,让广大群众深刻认识礼仪在现代生活中的重要性和必要性,树立正确的礼仪观。可以通过家庭、学校教育"齐之以礼""约之以礼",让青少年在学习和生活中感知礼仪、领悟礼仪、践行礼仪,推动现代文明礼仪内化于心、外化于行。比如,设计和用好成人仪式,让人们在跨过人生成年节点时受到庄严的礼仪文化教育。加强社会礼仪教育,不断提高商务礼仪、外事礼仪、服务礼仪、职业礼仪水平。倡导建立网络礼仪,改善互联网发展环境,进一步营造清朗的网络空间。

完善礼仪规范和公约守则。各类社会规范和公约守则,能够有效调节人们在共同生产生活中的行为和关系。建立和规范礼仪制度,应大力培育和践行社会主义核心价值观,完善各行各业体现自身特点的道德规范,修订市民公约、乡规民约、学生守则、行业规章、团体章程等行为准则,更好发挥其规范、调节、评价人们言行举止的作用。讲好家风故事,把礼仪传家、勤俭持家的优良传统发扬光大,让中华传统美德在全社会蔚然成风。发挥各类群众性组织的自我管理、自我服务、自我教育、自我监督功能,推动落实各项社会规范,形成一套体现现代文明精神和要求的礼仪规范。

营造浓厚礼仪文化氛围。浓厚的礼仪文化氛围是礼仪制度有效运行的基础。建立和规范礼仪制度,需要积极营造浓厚的礼仪文化氛围。加大对国家重要礼仪的教育与宣传力度,在国家重大纪念庆典活动中体现礼仪制度和礼仪文化,并通过各种形式和途径进行宣传,彰显中华优秀传统礼仪文化的时代价值,在全社会营造注重礼仪的氛围。建立健全各类公共场所的礼仪、礼节、礼貌规范,推动形成良好的言行举止和礼让宽容的社会风尚。围绕培育和弘扬现代礼仪文化,广泛开展礼仪大赛等群众性活动,加强对礼仪文化的宣介,推动礼仪文化进社区、进家庭。

(来源:郝琴,卫建国.有的放矢:用礼仪制度增强认同感和归属感[N].人民日报,2020-6-9.)

任务二 民航服务礼仪的基本知识

一、服务的定义与特征

(一)服务的定义

美国市场营销协会(AMA)对服务的定义是:"用于出售或者是同产品连在一起进行出售的活动、利益或满足感。"后来又重新定义为:"可被区分界定,主要为不可感知却可使欲望得到满足的活动,而这种活动并不需要与其他产品或服务的出售联系在一起,生产服务时可能会或不会需要利用实物,而且即使需要借助某些实物协助生产服务,这些实物所有权也不涉及转移的问题。"

在英语中,服务为"Service",有人认为,构成这个词的每一个字母,都代表着对服务人员的行为规范的一种要求。

"S"——Smile(微笑)。其含义是服务人员应该对每一位宾客提供微笑服务。

"E"——Excellent(出色)。其含义是服务人员应该将每一个程序、每一次微小的服务都做得很出色。

"R"——Ready(准备)。其含义是服务人员应该随时准备好为宾客服务。

"V"——Viewing(看待)。其含义是服务人员应将每一位宾客都看作是需要提供优质服务的贵宾。

"I"——Inviting(邀请)。其含义是服务人员应该在每一次接待服务结束时,主动邀请宾客再次光临。

"C"——Creating(创造)。其含义是每一位服务人员应设法精心创造出宾客能享受其热情服务的氛围。

"E"——Eye(眼光)。其含义是服务人员应始终以热情友好的眼光关注宾客,适应宾客心理,预测宾客要求,及时提供有效的服务,使宾客时刻感受到服务人员在关心自己。

《现代汉语词典》对"服务"的解释是:"为集体(或别人的)利益或为某种事业而工作。"也有专家给"服务"下的定义是:"服务就是满足别人期望和需求的行动、过程及结果。"前者解释了"服务"的两个关键点,一是服务的对象,二是服务本身是一种工作,需要动手动脑地去做;后者则解释了服务的本质内涵。

综上所述,我们可以这样定义服务:服务是指为他人做事,并使他人从中受益的一种有偿或无偿的活动。它是以提供活劳动的形式满足他人某种特殊需要,并让他人拥有美好的心理感受,充分体验服务这种产品的附加值。

由此我们可以看出服务具有以下几层含义:①服务是一种满足他人或组织需要的行为;②服务是一个互动交流的过程;③服务是一项追求双赢的活动。

(二)服务的特征

服务作为一种特定的产品与一般产品相比,具有以下显著特征。

1 无形性

服务的无形性是指服务与有形的实体产品比,其特质及组成服务的元素是无形无质的,同时又表现为生产与消费的同时性,即服务的生产和消费大多是同时进行的,服务的生产过程,同时也是服务的消费过程。消费者关注的不仅是有形的物质产品,更加注重作为产品组成部分的服务,而服务质量很大程度上依靠服务人员的表现来实现。无形性是服务的最基本特征,其他特征由此派生出来。

2 差异性

服务的差异性是指服务的构成成分及质量水平经常发生变化,很难控制。服务行业是以"人"为中心的产业,服务虽然有一定的标准,但会因人、因时、因地而表现出差异性。有经验的员工与没有经验的员工提供给顾客的服务相差很大,有服务热情的员工与缺乏服务热情的员工提供的服务不同,同一员工受到激励时和缺乏激励时的服务效果也是不一样的。

3 利他性

服务的利他性是指服务是服务人员和服务企业为满足他人需求的行为,或者说是为他人提供有益事物的活动。

4 不可储存性

服务的不可储存性是指服务不像有形的产品可以储存起来,以备出售或消费。服务产品的无形性、生产和消费的不可分离性,使服务不可能像实物产品一样被储存,只能在生产的同时被即时消费。例如,民航服务是有形的实物产品和无形的服务活动所构成的集合体。

5 质量测评的复杂性

实物产品由于具有实体性特点,可以按照统一的工艺流程进行生产、按照统一的技术标准进行质量测评,而测评无形的、不能储存的服务产品的质量是非常复杂的,服务企业很难通过标准化管理来保证服务产品的质量。

二、民航服务的概念、原则及特征

(一)民航服务的概念

民航服务作为对外交流的窗口,中国服务的标杆,是传播中国优秀文化,践行文化自信的一个良好载体,有义务也有实力扛起传播中国文化这面大旗。

民航服务是由民航企业提供的,以满足旅客需要而从事的具体工作,实现旅客与民航双赢的活动过程。它包括民航地面服务、空中服务两方面的活动内容。

(二) 民航服务的原则

1 3A 法则

3A 法则是美国学者布吉林教授等人提出来,他们认为人一定要恰到好处地表达对别人的友善才能被人容忍和接受。这种沟通技巧有 3 点,这 3 点的每一个英文单词的首字母都是 A,所以把它叫 3A 法则。它们分别是:Accept(接受);Appreciate(欣赏);Admire(赞美)。下面我们分别从服务技巧的角度来解读一下这个 3A 法则。

(1) 接受服务对象。是否接受服务对象可以体现民航服务人员服务态度是否端正。民航服务人员若真正将旅客视为自己的上帝和衣食父母,诚心诚意地做到旅客至上,自然而然就能够认可对方、容纳对方、接近对方。只有做到了这一点,才能真正地提高自己的服务质量。例如多使用礼貌用语、善用尊称、肢体语言和表情等,传递出亲切、温暖和友善的信息,为旅客所接纳,从而留下良好的印象。

(2) 欣赏服务对象。欣赏服务对象也就是民航服务人员发自内心地表达对旅客的一种重视,这是对旅客表达敬重之意的具体化,主要表现为认真对待旅客,并且主动关心旅客。具体而言是民航服务人员提供的服务,使旅客真切地体验到自己备受民航服务人员关注、看重,如牢记旅客的姓名、善用尊称、和倾听旅客要求等。

(3) 赞美服务对象。赞美服务对象实质上就是民航服务人员对旅客的接受与重视的表现。从心理上讲,大家都希望自己能够得到别人的欣赏与肯定。获得他人的赞美是对自己最大的欣赏与肯定。一个人在获得他人真诚的赞美时,心内的愉悦程度常常是任何物质享受都难以比拟的。所以民航服务人员在服务过程中要善于发现旅客之所长,并且及时地、恰到好处地对其表示欣赏、肯定、称赞。这种做法的最大好处是可以获得旅客的好感,使民航服务人员与旅客在整个服务过程中双方和睦而友善地相处。

2 首轮效应

有人将首轮效应称为第一印象效应,进而将首轮效应理论叫作"第一印象决定论"。心理学家研究发现,人们的第一印象的形成过程是非常短暂的,有人认为是见面的前 40 秒,有人甚至认为是前 2 秒,在一眨眼的工夫,人们就已经对你盖棺定论了。有时就是这几秒钟会决定一个人的命运。因为在生活节奏紧张的现代化社会,很少有人会愿意花更多时间去深入了解一个留给他不美好的第一印象的人。无论第一印象是正确还是错误的,大部分人都依赖于第一印象的信息,而这个第一印象的形成对于日后的决定起着非常大的作用,它比第二次、第三次的印象和日后的了解更重要。

民航业的全体从业者必须充分意识到树立良好第一印象的重要性。不论是自己的个人形象,还是本单位的企业形象,都是自己对旅客所提供的服务的组成部分之一,都会成为积极或消极的第一印象的重要制约因素。所以要树立以下几个方面的意识。

(1) 形象是一种服务。个人形象、企业形象被塑造好了,不仅会令顾客感受到应有的尊重,而且还会使之在享受服务时感到赏心悦目,轻松舒畅。

（2）形象是一种宣传。在民航业里，个人形象、企业形象被塑造好了，就会使广大旅客交口称道，并且广为传播，进而为企业吸引来更多的旅客群。

（3）形象是一种品牌。在市场经济条件下，拥有一种乃至数种知名品牌，往往会为自己带来巨大的好处。在任何一个服务单位里，如果全体员工的个人形象与整个企业的形象真正为社会所认同，久而久之就会形成一种同样难能可贵的品牌形象。

（4）形象是一种效益。就形象塑造而言，投入与产出是成正比的。民航业的形象被塑造好了，自然会获得一定的社会效益与经济效益。

关于如何塑造良好的形象？美国心理学家奥伯特·麦拉比安发现人的印象形成是这样分配的：55%取决于你的外表，包括服装、个人面貌、体形、发色等；38%取决于如何自我表现，包括你的语气、语调、手势、站姿、动作、坐姿等；只有7%取决于你所讲的内容。那么如何在服务中给旅客塑造良好的第一印象，可以考虑从以下两方面来打造：一是主观塑造，从容貌服饰、面部表情、身段表情、声音表情等方面，塑造自己良好的风格、风度和风范，以博取旅客的好感；二是客观塑造，从视觉感受、心理氛围、宣传信息、人际网络等方面，完善自己的修为、修养，以获取旅客的赞美。

3　亲和效应

亲和效应是心理学上的一个概念，它的主要含义是：人们在交际应酬中，往往会因为彼此之间存在着某种共同之处或者相似之处，从而感到相互之间更加容易接近。这种接近会使双方萌生亲密感，进而促使双方进一步相互接近、相互体谅。

在人与人交往的过程中，心理定势是普遍存在的，每个人的心中都有在一定时间内所形成的具有一定倾向性的心理趋势，即一个人在其过去已有经验的影响下，心理上通常会处于一种准备的状态，从而使其认识问题、解决问题带有一定的倾向性与专注性。在与人交往的时候，大家都有一种认识倾向，对于那种他们看起来比较亲近的人会更乐于接近。人们往往会因为彼此存在着某种共同或近似之处，感到更容易接近；接近后，又因此萌生亲切感。这些共同之处，可以是血缘、地域、学缘，也可以是志向、兴趣、爱好、利益。在现实生活里，我们往往更喜欢和那些与自己志向相同、利益一致，或者同属于某一团体、组织的人做朋友。

民航服务人员与旅客，尤其是常来常往的旅客彼此之间形成亲和力是非常有必要的，要做到这一点，需要做到以下几方面。

（1）待人如己。美国人阿尔伯特·哈伯德在其《自动自发》一书中说：成功守则中最伟大的一条定律——待人如己，也就是凡事为他人着想，站在他人的立场上思考。

民航服务人员要学会换位思考，即想问题、办事情，要设身处地、转换角色、体验对方。正所谓一事当前，要想知道别人的想法，先问一问自己的想法；要想知道别人的感受，先想一想自己的感受。先贤大儒孔子更是有言在先，即"己所不欲，勿施于人"。也符合"推己及人，待人若己"的要义。无论说法怎么变换，古今中外，人们都一致认为，既要诚善对己，也要诚善对人，只有这样才能人己和谐，相得益彰。

利己是人类的一种共性。在一般情况下，人们都通常会考虑自己的处境。爱护自己，保护自己，善待自己。在民航服务岗位上，民航服务人员要使旅客真正地感受到自己在服务工作中所表现出来的亲和力，就必须要做到待人如己，也就是说，民航服务人员在接待旅客，为其提供服务时，要像对待自己一样，而不是将其视为与自己毫不相干的人。

(2) 出自真心。民航服务人员对旅客进行服务时,还必须注意,自己对对方的友善要出自真心。倘若虚情假意,甚至利用旅客的信任,终有一天会因真相大白而使自己和航空公司的信誉受损。

(3) 不图回报。尽管从经营的角度来说,民航业是注重投入与产出比例的,但具体到民航服务人员的每一项日常行为,比如对旅客的待人如己、亲密无间等,就不能够立即要求回报。事实上,出自真心的热情服务是难以计价的、不可用金钱来衡量的,否则,它便失去了存在的价值。

4 末轮效应

末轮效应就是指在服务过程中,民航服务人员和民航企业留给旅客的最后印象。其核心思想,是要求人们在塑造自己的整体形象时,必须有始有终,始终如一。在人们相互认知与彼此交往的整个过程中,第一印象至关重要,但最后印象也同样发挥着关键的作用。因此,首轮效应理论与末轮效应理论并不是对立的、矛盾的,实际上它们是一个过程中的两个不同侧面,二者同等重要。

根据人际交往的一般规律,在人们与他人的初次接触、交往中,对于第一印象比较重视。而当人们与他人进行一段时间的接触、交往之后,则对最后印象尤为看重。所以,民航业与民航服务人员都要特别注意,在为旅客进行服务的整个过程中,如欲给对方留下完美的印象,不仅要注意给对方留下良好的第一印象,而且也要注意给对方留下良好的最后印象。二者缺一,便难有完美的印象。

在服务过程中,得体而周全地运用末轮效应的理念,抓好最后的环节,对于民航业存在三大好处:第一,有助于民航企业与民航服务人员始终如一地在旅客面前维护自己的完美形象。第二,有助于民航企业与民航服务人员为旅客热情服务的善意真正地获得对方的认可,并且被对方愉快地接受。第三,有助于民航企业与民航服务人员在服务过程中保持良好的服务水平,从而赢得旅客的心,并因此逐渐地提高民航企业的社会效益与经济效益。

5 零度干扰

所谓零度干扰就是要求民航业与民航服务人员在服务过程中,为旅客创造一个宽松、舒畅、安全、自由、随意的环境。使旅客在享受服务的整个过程中,尽可能地保持良好的心情,获得精神上的愉悦。通过创造无干扰的环境,注重与旅客保持适度的距离、热情有度的行为等方面,让旅客尊享自由自在的环境,获取美好的心理感受,凸显优质服务的价值。

(三) 民航服务的特征

民航服务与其他行业的服务相比有着独特的性质。由于它涉及地面服务和空中服务,除一般基本服务外,其生命和财产安全的服务,就显得尤为重要。因此,民航业服务具有以下特点。

1) 时效性

"时间就是金钱,效率就是生命"在民航业服务上体现得尤为充分,它强调的是服务必须在明确的时间段内完成。地面服务以不耽误旅客乘机为时间节点,空中服务必须是以旅客进入和离开机舱为时间节点。这种时效性要求民航服务人员必须严格依照时间要求为旅客提供所有的服务,提前或延迟都是无效或无意义的。因此,遵守时间,有强烈时间概念是民航服务人员必备的基本素质。

2) 整体性

民航服务产品是从旅客购票开始、经历机场值机、安检、登机、客舱服务、行李服务等环节,直到旅客离开机场为止,形成民航服务的整体性产品。同时,民航服务是民航设施、设备、飞机机型与客舱产品、环境氛围以及民航服务构成的。在这里,设施设备、飞机机型与客舱产品是民航服务的基础,环境氛围是补充,服务质量是最终的表现形式,是适合和满足旅客需要的最后体现。

3) 安全性

安全是民航业区别其他服务业的显著特征。旅客从购买机票的那一刻开始,就购买了安全到达目的地的整个行程。民航服务就是要首先保障旅客生命、财产安全的基础上,尽量满足旅客其他需求,让旅客愉快的旅行。

4) 层次性

美国心理学家亚伯拉罕·马斯洛在《人类激励理论》中提出人类的需要是分层次的,由低到高,它们是:生理需要、安全需要、社交需要、尊重需要、自我实现需要。马斯洛的需要层次理论具有很强的现实意义,对服务行业其意义尤为突出。但是马斯洛的需要层次理论针对不同的服务行业其提供的服务内容是不同的,旅客的需要层次表现也是不同的。笔者以为马斯洛的需要层次理论对当今民航业的发展有很大的启示作用,其间存在着微妙的联系,主要表现在以下方面。

一是满足旅客的生理需要。如机舱环境与饮食。其中机舱环境包括适宜的温度和安静的客舱,饮食包括种类丰富、搭配多样、味道可口和健康安全的食品。安全食品即指无毒、无害,符合营养标准,对人体健康不造成任何急性、亚急性或慢性危害的食品。

二是满足旅客的安全需要。如整洁卫生。民航服务首先要保证机舱卫生,包括乘务员的衣着卫生、个人卫生、饮食卫生、环境卫生等。再如安全服务。严格的安检、严格的客舱秩序、必要的延误、返航、备降,拒载特殊乘客,可以让旅客在飞行中坐得放心和舒心,使货物在空运过程中无损坏。

三是满足旅客的社交需要。为旅客提供舒适的乘机环境满足不同旅客的不同要求,使旅客均能享受到妥帖的服务。完善机上服务的商业功能。和谐幽雅的环境可以减轻旅客的疲劳,优美的音乐、机上电视节目,可使旅客情绪缓和,完善机上服务的商业功能有利于招徕更多的商务旅客。

四是满足旅客的尊重需要。为旅客提供礼仪礼貌服务。民航服务人员的言语、行为和仪表,反映其素质、职业修养和对旅客的态度,是吸引旅客的重要方面。民航服务人员应做到主动、热情、周到、细致、耐心、诚恳地为旅客服务,理解旅客的消费需求并通过个性化服务实现其需求,使旅客获得被尊重的满足感。

五是满足旅客的自我实现需要。机上食品、机舱环境及工作人员形象应具有审美功能,形成独具特色的艺术与审美价值,借助服务使旅客得到美的享受和艺术的陶冶,提高审美水平。

■ **行业资讯**

航空安全与服务质量

1. 航空安全

2019年,民航安全运行平稳可控,运输航空百万架次重大事故率十年滚动值为0.028(世界平均水平为0.292)。发生通用航空事故15起,死亡8人。

自2010年8月25日至2019年底,运输航空连续安全飞行112个月,累计安全飞行8068万小时。

2019年,全年共发生运输航空征候570起,同比下降2.23%,其中运输航空严重征候11起,同比下降31.25%。严重征候和人为责任原因征候万时率分别为0.009和0.023,各项指标均较好控制在年度安全目标范围内。

2019年,全行业共有39家运输航空公司未发生责任征候。

2. 空防安全

2019年,全国民航安检部门共检查旅客6.60亿人次,检查旅客托运行李3.49亿件次,检查航空货物(不含邮件、快件)5.32亿件次,检查邮件、快件2.44亿件次,处置编造虚假恐怖威胁信息非法干扰事件38起,查处各类安保事件14582起,确保了民航空防持续安全。截至2019年年底,民航实现17年零7个月的空防安全零责任事故纪录。

3. 航班正常率

2019年,全国客运航空公司共执行航班461.11万班次,其中正常航班376.52万班次,平均航班正常率为81.65%。2019年,主要航空公司共执行航班330.47万班次,其中正常航班269.11万班次,平均航班正常率为81.43%。

2019年,全国客运航班平均延误时间为14分钟,同比减少1分钟。

4. 服务质量

截至2019年年底,229个机场和主要航空公司可实现"无纸化"出行;37家千万级机场国内旅客平均自助值机比例达71.6%;在8家航空公司、29家机场开展跨航司行李直挂试点;15家航空公司410架飞机为旅客提供客舱网络服务,其中9家航空公司202架飞机实现地空互联,为805万次旅客提供了空中接入互联网服务;航空货运电子运单使用突破160万票;12326民航服务质量监督电话开通,国内航空公司投诉响应率达100%。

2019年,民航局、各地区管理局、民航局消费者事务中心和中国航空运输协会共受理航空消费者投诉30462件。

2019年,旅客对航空公司和机场服务满意度分别为4.26分和4.32分(满分5分)。

(来源:中国民用航空局,《2019年民航行业发展统计公报》。)

三、民航服务礼仪与优质服务

（一）民航服务礼仪

1 服务礼仪的含义

服务礼仪是礼仪在服务行业内的具体运用，是礼仪的一种特殊形式。主要指服务人员在工作岗位上，通过言谈、举止、行为等，对客户表示尊重和友好的行为规范和惯例。简单地说，就是服务人员在工作场合适用的礼仪规范和工作艺术。服务礼仪是体现服务的具体过程和手段，使无形的服务有形化、规范化、系统化。

有形、规范、系统的服务礼仪，不仅可以树立服务人员和企业良好的形象，更可以塑造受客户欢迎的服务规范和服务技巧，能让服务人员在和客户交往中赢得理解、好感和信任。所以作为民航服务人员，学习和运用服务礼仪，已不仅仅是自身形象的需要，更是提高企业经济效益、提升竞争力的需要。

2 服务礼仪的特征

服务礼仪是一门实用性很强的礼仪学科。作为礼仪的一种特殊形式，它同礼仪的其他门类相比，具有以下特征。

1）规范性

服务礼仪的规范性主要体现为岗位规范，其基本内容包括：仪容规范、仪态规范、仪表规范和语言规范。服务人员的仪容礼仪、仪表礼仪、仪态礼仪、礼貌用语等，都是与其具体服务岗位的工作特点紧密结合、融为一体的。所谓规范就是人们常说的规矩，服务礼仪的规范性要求服务人员站有站相，坐有坐相。服务礼仪典型的岗位规范有："待客三声"——来有迎声、问有答声、去有送声；"四个不讲"——不讲不尊重对方的语言、不讲不友好的语言、不讲不客气的语言、不讲不耐烦的语言。"待客三声"和"四个不讲"是全体服务人员在其工作岗位上必须做到的基本要求，只有做到这些，才能使客人高兴而来，满意而归，为企业树立良好的形象。

2）操作性

服务礼仪的可操作性在服务人员的工作岗位上表现得非常具体，它不是"宾至如归""宾客至上""以人为本"的口号，而是一条条可操作的细则。比如航空公司规定：乘务员在客舱口遇到走进来的旅客时，应微笑注视旅客后，点头致意、问候"您好！"通过这一系列动作的完成，我们可以看出，民航业服务规范对服务人员的语言、表情、动作，从时间到方式，都做了极其详尽的描述。民航服务人员在工作岗位上，必须按照此要求进行操作。

3）单向性

服务礼仪拥有其他礼仪没有的单向性，这是由服务关系的特殊性决定的。服务从内容上讲是服务生产者满足服务消费者需求的行为，消费者向服务人员提出要求，服务人员则依据消费者的需求提供服务。在服务关系中，服务人员作为需求的满足方有义务最大限度地满足顾客的各种需求,却不能同时要求顾客来满足自己的某些需求。例如,服务人员应向客人鞠躬,但不能要求客人向自己鞠躬;服务人员聆听着客人不满的大声斥责、甚至辱骂,即使有理也不能同样的大声、坏脾气地回敬客人。

3 服务礼仪的作用

服务业的快速发展,导致服务市场的竞争日益激烈。任何一个服务企业,在这样的环境中求生存,谋发展,最根本的条件是要有良好的服务质量。服务企业怎样才能创造良好的服务质量?提高服务人员的职业素质和能力是非常重要的一环。而要实现这样的要求和目的,就必须依靠规范化的服务礼仪。服务人员只有明确了服务过程中正确的行为规范,才能更好地提高服务质量,才能以周到、热情、主动的服务水准为顾客提供全方位的服务。因此,推广服务礼仪既是服务行业自身发展的需要,也是满足消费者的需求。

1) 有助于提高服务人员的个人素质

服务礼仪作为服务人员行为规范,为服务人员在服务过程中的行为符合要求提供了保障,也有助于服务人员个人素质的提高。服务礼仪通过深入剖析服务关系的性质来正确定位服务人员的角色,让服务人员明白服务的内涵和意义,使其在理解了什么是服务的基础上形成良好的服务意识,并使他们具备自如应对各种复杂的服务情景的能力,从而形成较高的个人素质。

2) 有助于展现良好的人际沟通

服务礼仪为服务交往时可能出现的每一个场合、每一个细节做出了具体的行为要求,让服务人员能顺利地选择合适的行为,防止出现服务人员不知道如何表示尊重的情况,也防止出现因为采用不正确的表达方式,而让服务对象误认为失礼的情况。服务礼仪通常简单、易行,它不仅能使服务人员和服务对象交往顺利,而且也能使服务工作变得相对轻松和简单,使服务对象更容易产生被尊重的心理感受。

3) 有助于提升服务水平与服务质量

服务质量通常泛指服务人员服务工作的好坏与服务水平的高低。服务质量主要由情感性服务(服务态度)与机能性服务(服务技能)两大要素构成。情感性服务是服务人员对服务对象的行为总和,包括动作、表情和谈话等,其质量具有很大的主观性和不确定性。在一般情况下,消费者对情感性服务的重视程度,往往会高于对机能性服务的重视程度。可以说,提高服务水平和服务质量的关键在于提高情感性服务的质量,而情感性服务的质量又取决于服务人员的服务意识和礼仪修养。

4) 有助于塑造企业的整体形象

良好的企业形象是吸引消费者、扩大企业市场份额的有效保证。塑造并维护企业的整体形象不是为了自我欣赏,而是为了服务对象的视觉和心理需要。而良好的民航服务礼仪是民航企业树立良好的企业形象的有效手段。人们对民航企业的认识,首先是从该企业为旅客提供的服务开始的。因此,好的民航服务礼仪可以塑造、完善民航企业、民航行业,乃至一个国家的整体形象。

4 民航服务礼仪

民航服务礼仪是服务礼仪在民航行业内的具体运用。一般而言,民航服务礼仪主要泛指民航服务人员在工作岗位上应严格遵守的行为规范。具体来讲,民航服务礼仪主要以民航服务人员的仪容仪表、仪表服饰、言谈举止和具体的岗位规范为基本内容。

(二)民航优质服务

2016年,民航业掀起了"真情服务"的热潮,"真情服务"要求民航服务人员用心、用爱、用真诚、用感恩打造民航服务品牌。随着民航行业的竞争日益加剧,越来越多的民航企业认识到:优质服务是打动旅客的最好方式,在为旅客服务的同时,如何处理好旅客关系,如何更好地为旅客提供优质服务是每个民航服务人员应该关心的问题。而对于服务过程中产生的纠纷问题如何去避免?如何有效控制情绪?如何让优质服务成为一种习惯?如何让情绪控制在萌芽状态?这些问题是每一个民航服务人员都应该学习的必修课。

1 服务意识

1)服务意识的含义

服务意识是指民航服务人员发自内心的、有随时为旅客提供热情、周到服务的积极的想法。它与组织精神、职业道德、价值观念和文化修养等紧密相连,是热爱本职工作的表现,也是资深服务人员的一种本能与习惯。

2)服务意识可以通过培养、训练养成

服务意识是后天培养出来的,它是民航组织中极其重要的理念。服务意识关系着服务水准、服务质量,只有在良好的服务观念、服务意识的指导下才能端正民航服务人员的工作态度,激发民航服务人员的工作热情,提高其对自身工作的兴趣,从而为旅客提供更优质、热情的服务。而在市场竞争日益激烈的今天,民航企业就是要比服务质量、服务水平、服务意识。因此,民航服务人员要时时刻刻为旅客着想,把旅客当作民航企业的衣食父母。民航企业还需要在员工的入职培训及复训中加大对服务意识的培养,定期举行以提升服务意识与礼仪为主题的活动,将中华礼仪文化的精髓融入服务理念中,丰富员工的内心及知识体系。

2 优质服务七要素

优质服务,即民航服务人员向旅客提供的各种服务,从而让旅客产生舒适感、安全感、宾至如归感。优质服务的好坏,直接关系到民航企业的生存和发展,关系到民航企业的声誉和经济效益,它是民航企业经营成败的关键。

做好优质服务,必须掌握七大要素。

1)微笑

在民航企业日常经营过程中,每一位服务人员对待旅客,都要报以真诚的微笑,它不受时间、地点和情绪等因素的影响,也不受条件限制。微笑是最生动、最简洁、最直接的欢迎词。

2)精通

民航服务人员应对自己所从事工作的每个方面都要精通,并尽可能地做到完美。服务人员应熟悉自己的业务工作和各项制度，提高服务技能和技巧。"千里之行，始于足下"，要想使自己精通业务，必须上好培训课，并在实际操作中不断地总结经验，取长补短，做到一专多能，在服务时才能游刃有余，这对提高民航的服务质量和工作效率、降低成本、增强竞争力都具有重要作用。

3）准备

民航服务人员要随时准备好为旅客服务。准备包括思想准备和行为准备。也就是说，仅有服务意识是不够的，必须要有事先的准备。比如在旅客到达之前，把工作场所打扫干净，备好茶水，处于一种随时可以为他们服务的状态，才不会手忙脚乱。

4）重视

要把每一位旅客都视为"上帝"看待而不怠慢旅客。民航服务人员有时容易忽视这一环节，甚至产生消极服务的现象。这是因为服务人员看有的旅客穿戴随便，消费较低，对其产生轻视的态度，这是不可取的。民航服务人员在服务过程中，千万不能以貌取人，要重视和善待每一位旅客，让他们心甘情愿地消费。民航服务人员应当记住"旅客是我们的衣食父母"。

5）细腻

主要表现于民航服务人员在服务中的善于观察，揣摩旅客心理，预测旅客需要，并及时提供服务，甚至在旅客未提出要求之前服务人员就能替旅客做到，使旅客倍感亲切。比如看到旅客的行李较多，可主动为旅客推行李、帮助有序值机以及放入行李架等，见旅客拿出药片来，可主动送上水，这就是民航服务人员应具备的超前服务意识。

6）创造

为旅客创造温馨的气氛，关键在于强调服务前的环境布置、友善态度等，掌握旅客的喜好和特点，为旅客营造"家"的感觉，让旅客觉得在机场或机舱就像回到家里一样。

7）真诚

热情好客是中华民族的传统美德。当旅客离开时，民航服务人员应发自内心的，并通过适当的语言真诚邀请旅客再次光临，给旅客留下深刻的印象。

目前，我国民航业将进入发展质量提升期。高质量发展是时代的主题，也是我国民航业发展到一定阶段的内在要求和必然选择。高品质服务是高质量发展的重要内涵，作为"中国服务"标杆的民航业，必将以持续提升服务品质为己任，在更高的起点上，以更高的标准，为旅客创造更好的出行体验。因此，优质服务对于民航服务人员尤其重要。

■ 知识链接

海南航空客舱服务：用心服务，细微之处显真情

"像家人一样的用心，让旅客感到安心；将真情服务融于细微之间，让旅客满意而归"，这个服务宗旨对服务行业尤其是民航人来说尤为重要。

一、老吾老以及人之老

3月16日，旅客褚女士和老伴计划乘坐从乌海飞往西安的航班去看望自己的孩子，起

初老人很担心赶不上飞机,早早就来到了乌海机场,但抵达机场后,老人的心就放下了。孩子为其办理了无人陪伴的服务,工作人员都非常热心,帮助引导褚女士和老伴登机。

在地面工作人员送老人登机的路上,乘务长远远看见了,便大步迎了上去,热情地跟两位老人打招呼。同时,乘务员也接过两位老人手上的行李,将老人引导至座位处,就在接过老人行李的时候,乘务员触碰到老人的手是冰凉的,细心的她马上拿来两条毛毯,为两位老人盖在了腿上,又去服务间稍稍调高了客舱温度,为老人详细介绍了服务组件。在安顿好老人后,为老人系好安全带,这让老人感觉特别温暖。

整个航程中,乘务员始终关注老人的需求,在她的精心照顾下,两位老人愉快地度过了这趟空中旅程,老人下机前再三对乘务组表达感谢:"没想到短短的航程竟然会有这么温暖贴心的服务,回乌海时一定还要坐海航的航班。"

老吾老以及人之老,在细节之中展现关爱,这是中华的传统美德,也是海航服务精神价值的体现。海航人始终本着"感恩""负责""认真""将心比心"的态度,用心做好每一件事,将爱传递给每一位旅客,用专业知识守护好每一架航班。

二、幼吾幼以及人之幼

从清晨醒来执行航班任务,梳得一丝不苟的头发,化着精致美丽的妆容,带着甜美可人的微笑,亲切的问候一句"早上好,欢迎乘机",以真诚的服务对待每一位旅客,就是对这份职业最大的尊重。每一位乘务员都在做着看似平凡简单却温暖人心的事。

近期,在 HU7481 从重庆飞往温州的航班上,大多旅客是返乡务工人员,带的行李较多,乘务员耐心地协助旅客安放。这时,有位母亲独自带着孩子,拎着几个包还提着婴儿车慢慢往前找位置。乘务员看到后大步上前协助放行李、找座位,落座后为旅客提供毛毯和枕头,还介绍了小朋友乘机的注意事项。小朋友可能是对陌生的环境比较胆怯,一直哭闹,乘务员便一边唱着儿歌一边拿着小玩具安抚小朋友,小朋友被歌声所感染,停止了哭闹,客舱氛围一片祥和,孩子的母亲微笑地说:"看你的年纪也不大,没想到这么能干,谢谢你,小妹妹。"一句简单而又真诚的谢谢,却是乘务员在工作中追求细致完美的动力。

在万米高空,海南航空乘务员始终秉承"店小二"服务精神,践行真情服务理念,以平等之心善待每一位旅客,用仁爱之情关怀特殊群体,在适当的时候给予旅客最贴心、舒适、温暖的服务。

(来源:中国民航网。)

任务三 民航服务人员的礼仪素质与能力的培养

一、民航服务人员的礼仪素质

每一个打算进入民航领域的人,都需要了解:自己在这个行业需要扮演何种角色?自身应该具备何种技能?我们从国内外民航企业招聘员工的要求可以看出:民航服务人员应该具有综合素质和服务才能,从外在的仪表仪态到内在的性格品德、从教育背景到工作经历、从服务思维到服务能力、从知识结构到工作能力,都有一些具体的要求。民航服务人员要善照顾,又要会处事,民航服务人员既是企业形象的传播者,又是企业形象的建立者。所以,民航服务人员应具有较高的个人素质。

根据民航业对人才的要求,民航服务人员的礼仪素质表现为以下几点。

(一) 形象良好

外形条件良好,气质高雅是民航业选择服务人员的首要条件。在注意力经济时代,美是一种竞争力,它能愉悦人的心理,产生强大的吸引力,为民航企业带来良好的效益。其实,爱美是动物的本能,千里马引颈长啸是期待被关注,孔雀开屏是为了博取眼球。人们喜爱被美女接待,高兴接受帅哥的服务,民航企业满足广大旅客的心理需要,挑选颜值高的男女,从事民航服务工作,乃人之常情。因为他们是民航企业经济效益和社会效益的保障。

(二) 热爱交际

服务是与客人打交道,是一种人际交往方式。热爱交际的人,情商高,一般性格外向、幽默,善于沟通,能与各种人打成一片。这类人到陌生的环境里,也不会恐惧,反而好奇心会很强。民航服务是迎接南来北往、形形色色的旅客,热爱交际的民航服务人员,能轻松应对各路人马,能把民航企业的文化理念迅速传递给旅客,让旅客产生温馨的感受,使民航服务工作更加高效。

(三) 擅长照顾

擅长照顾他人的人具有奉献精神,他们通常可靠、体贴、平和而踏实。他们善解人意,希望通过自己的努力让所有人都满意。与他们沟通时,旅客可以感受到他们的坦诚,不会绕弯子或者把简单的事情复杂化。因此,擅长照顾他人的人很容易博得旅客的好感。民航服务人员需要具备这样的素质。

(四) 积极向上

积极向上是一种健康的心态,它是人格品质中具有决定、统领和引导的因素。人因为积极向上而产生追求、产生理想、产生激情。民航服务人员在工作中,面对旅客,无论老幼、男女、贫富、贵贱,无论有多少误解、委屈、冤枉,都应始终保持阳光的心态和容事、容物、容人的态度,这将会为自己、为民航企业树立良好声誉。

(五) 团队精神

团队精神是大局意识、协作精神和服务精神的集中体现,核心是协同合作,反映的是民航服务人员个体利益和民航企业整体利益的统一,进而保证民航企业的高效运转。

(六) 注重细节

人们常说细节决定成败。细节因其"小",往往被人忽视,细节因其"细",也常常使人感到烦琐,不屑一顾。2015年7月26日深航ZH9648航班发生纵火事件,据机上旅客回忆,嫌疑人纵火后,他有闻到煤油味,机舱很快黑烟弥漫,旅客呼吸很困难,嫌疑人在纵火时曾称不想活了。然而,打火机是怎么带上飞机的,刀具又是如何通过安检的?是这起案件留给公众的最大疑问。这个教训告诉我们,在民航服务过程中细节疏忽不得,否则,会有安全问题出现。

(七) 品性坚忍

"古之立大事者,不惟有超世之才,亦必有坚忍不拔之志。"这是北宋大文学家苏轼《晁错论》中的一句话,意思是说自古以来能够成就伟大功绩的人,不仅仅要有超凡出众的才能,还一定要有坚忍不拔的意志。民航服务是一个劳心劳力的活儿,民航服务人员必须具有遇到旅客投诉、遇到高强度的劳作仍能毫不退缩和勇往直前的坚忍品质,只有这样才能实现民航服务的高水准。

二、民航服务人员的基本能力

民航服务人员必须具备以下四种能力:形象塑造能力、沟通表达能力、组织协调能力和随机应变能力。

(一) 形象塑造能力

形象是无形资产。民航服务人员形象,是指社会公众对民航服务人员的价值理念、气质、品德、能力等方面所形成的整体印象和综合评价。它是一种"公共性"的社会形象,是民航服务人员自身修养的外在表现。民航服务人员作为民航企业形象的代言人,一直以来都是公众和舆论关注的焦点,因此,民航服务人员的形象不仅影响到民航服务人员个人事业的发展,也影响到民航企业的整体形象和工作布局,甚至影响到民航行业的公众关系。因此,民航企业应十分重视客观存在的民航服务人员的"形象问题",并予以高度关注,施以科学管理。

(二) 沟通表达能力

民航服务人员不论在哪个岗位工作,都要与人交往、与组织联系,所以需要具有较强的沟通表达能力。民航对客服务工作需要民航服务人员思维敏捷,口齿伶俐,谈吐得体,可以简洁明了地表达思想,发布信息,阐述观点。交谈是民航服务人员沟通表达的基本功。在日常的谈话交流中,有许多信息都是靠肢体语言来传达的。因此,民航服务人员需要根据不同的场合、谈话对象及谈话目的、方式,选择不同的站姿、坐姿和步姿,还要相互配合,整体协调、连贯,呈现优美、高雅、自然、协调的姿态,以获得理想的表达效果,从而表现出自然的风度美和气质美,给对方留下美好的印象。

(三) 组织协调能力

民航企业是一个复杂的、开放的系统,不断与内部、外部以及公众进行物质、信息交换,因此面临各种各样的矛盾与问题。这些矛盾和问题的妥善解决,将有利于民航企业的生存和发展;反之,将会对民航企业产生消极的影响。因此,组织协调能力成为民航服务人员的一项重要的能力。民航服务人员的协调能力是通过有效的沟通,促进民航企业与旅客之间的理解与合作,实现双方受益与和谐发展。所以当民航企业与旅客发生冲突时,民航服务人员需要积极主动地与旅客沟通、协调、磋商,消除双方的隔阂,缓解双方的矛盾与冲突。民航服务人员要能融洽各方关系,不断维持和巩固与旅客之间的良好关系,为民航企业与旅客创造一个关系融洽、共同发展的环境。

(四) 随机应变能力

民航服务人员在工作中经常会遇到许多突发事件和矛盾冲突,这就要求民航服务人员有较强的随机应变能力,能够处变不惊、沉着冷静地处理问题。在服务过程中,出乎意料的事情随时都可能发生。民航服务人员在工作中一定要机警、灵敏,有可以应付一切突发事件的应变能力,包括超前应变能力和临场应变能力,能够根据不同的场合,调节具体的服务策略和措施。民航企业形象受到损害时,能冷静地思考,并寻求维护企业形象的基本途径;在日常对客服务中,遇到突发性的问题,能保持理智,及时提出解决问题的方案,从而达到优质服务的目标。

三、民航服务人员的教育

民航服务人员与其他职业从业者的最大区别,在于他们具有从事民航服务工作的必要知识和专业技能,特别是有了职业准入制度后,具备充实的民航理论和民航实务知识是成为一名民航服务人员的必要条件。要成为一名合格的民航服务人员,必须要掌握以下几方面的知识。

(一) 民航服务理论与实务

民航服务的理论知识包括:民航服务的基本概念,民航服务的由来和历史沿革,民航服务的职能,民航服务的基本原则和基本内容,民用航空器及设施,国际民用航空组织及相关公约法规,旅客服务心理学,民航公共关系,客源国概况,民航安全管理,民航服务艺术,等等。

民航服务实践知识包括:服务人员的职业形象塑造、旅客分析、与各类旅客沟通技巧、社交礼仪知识等等。

（二）人际沟通的知识

人际沟通的知识主要包括：沟通理论与技巧，公民法律与道德规范，人物性格分析，心理学，写作，等等。

（三）一般人文社科知识

一般人文社科知识主要包括：组织机构与行为、语言学、自然科学、管理学、政治学、经济学等。

礼仪是一门实践性很强的课程，关于民航服务人员的服务礼仪能力的培养，需要长期不懈的努力。一般来说，民航服务人员的培养主要有两条路径：一是学院教育，二是社会教育。学院教育是一种传统正规的学历教育；社会教育主要是从业资格认证培训，这类活动一般由礼仪协会等专业组织来主持。

项目训练

1. 收集一至两则中国古代有关文明礼貌的佳话，向周围的人宣讲。
2. 向大家介绍一段你周围的人传承中华民族传统美德与礼仪的故事。
3. 请你列举几例校园生活中的不诚信现象，并针对这些现象，为"打造诚信校园"提几点有益的建议。
4. 养成写礼仪日记的习惯，把每天践行的礼仪规范记录下来，做自己成长的轨迹图。
5. 案例分析：

某航空公司要面向社会招一批空姐，前来报名的人络绎不绝。其中有几个女孩，心想空姐是多么时髦的职业，招的都是那些漂亮的女孩。于是，她们就到美容院将自己浓妆打扮了一番，仿佛电视剧里的韩日明星。她们高高兴兴地来到报名地点，谁知工作人员连报名的机会都不给她们，就让她们走。看着别的姑娘一个个报上了名，她们几个很纳闷道："这是为什么呢？"

问题

(1) 工作人员为什么不给这几个姑娘报名？
(2) 空姐的漂亮究竟有什么样的含义？
(3) 如果你去应聘，那么你会怎么打扮自己？

项目二　民航服务人员职业形象塑造

项目目标

- **知识目标**

  了解民航服务人员仪容礼仪的规范与要求。

  了解民航服务人员仪表礼仪的规范与要求。

  了解民航服务人员仪态礼仪的规范与要求。

- **能力目标**

  学生通过对民航服务人员形象礼仪基本理论知识的学习，培养民航服务人员职业形象规范意识，领悟职业形象的魅力，掌握塑造自身职业形象的能力。

- **素质目标**

  掌握民航服务人员职业形象规范要求，增强形象礼仪意识。

知识框架

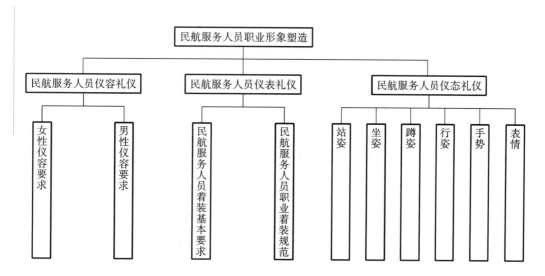

项目引入

有一次,我与朋友一起来到机场,她对我说:"我特爱看机场行走的空乘们,制服美、妆容美、头发美,走路也美。"我想起我的学生对我说过,作为空乘最幸福的事情就是在步入候机楼的那一刻,旅客们投来欣赏、羡慕的眼神,会听到"他们怎么那么有气质","我要能像他们那样优雅就好了……"这样的评论。气质高雅、举止端庄的民航乘务员形象,已经成为世界公认的服务形象楷模,来自世界各地的旅客们,无不被乘务员靓丽的形象、整齐的队伍、自信的走姿、优雅的仪态、阳光般的笑容所吸引。这是职业形象带来的职业自豪感与荣誉感,也是移动的广告牌。如果有些乘务员不注重形象细节,损害的不仅仅是个人的职业形象,也损害了公司的整体形象以及民航乘务员的职业形象。

问题思考:
1. 你认为乘务员的形象可以随心所欲吗?
2. 如何理解形象礼仪是我们塑造自我形象的规范与艺术?

任务一 民航服务人员仪容礼仪

民航服务人员的仪容标准包括面部的保养与修饰、头发的保养与修饰。

"每一张脸,都是一块充满生命力的画布,只有在纯净、细腻的画布上才能绘出美丽的图画。"这是日本彩妆大师植村秀先生著名的"肌肤画布"理论。意思就是说,细腻的皮肤是一切彩妆的基础,健康的皮肤或头发就像是一块优良的玉石,无论怎么雕刻,都是一块美玉。

民航服务人员的皮肤保养主要分为日常基础保养、每周特殊护理、妆前保养三个部分,日常基础保养是民航服务人员每天都必须进行的护肤步骤,比如清洁、保湿、防晒等。每周特殊护理是指皮肤每周进行去角质、深层清洁等护理步骤,去除皮肤的老化的细胞,使细胞更易吸收养分。妆前保养是指民航服务人员在上妆之前的保养,使后续妆容更服帖持久,使用提升皮肤保水度为主的保养品,以达到皮肤水油平衡的最佳状态。

头发与皮肤一样需要持续不断的呵护与保养。头发保养不仅可以使头发光泽顺滑,同时也可以避免头皮屑或掉发等问题。头发的保养与护理也往往显露出一个人的生活品质与生活态度。成功的头发保养主要有三个标准:清洁、健康发质和定期修剪。其中清洁和健康发质主要是依靠日常的护理与保养。

头发的清洁卫生是民航服务人员文明程度的基本表现。头发犹如民航服务人员的一面文明旗帜,所以首先应让头发保持清洁卫生。头发与皮肤一样,也需要天天清洗,头发的清洁是发质健康的基础。清洁头发首先要根据不同的发质、受损程度、季节变化来选择适合自己的洗发水。其次,要采用正确的洗发技巧。除头发的清洁外,头发的日常护养工作也是提升头发品质、塑造健康发质的重要环节。传统的护发一般是用了洗发水后再使用护发素,导致护发素只能在头发表面形成一层滋润保护膜,营养补充十分有限,这样只完成了一半的护发程序。完整的保养头发程序包括:清洁、润发护理和(定期的)发膜保养。

一、女性仪容要求

民航服务人员的女性妆容设计主要根据航空公司的制服特色以及职务特点制定。比如有蓝色系、棕色系等的妆容款式。每款妆容款式从底妆、眼妆、唇妆等各个细节处都设定了标准。民航服务人员在化妆时必须根据设定好的标准塑造自己的职业形象,从而使民航服务人员的妆容更加规范与专业,更好地体现出民航服务人员的职业特色。

(一) 面部的修饰

脸部底妆的透明度、颜色、立体感、均匀程度是评判完美底妆的四大标准。那么,与四大标准紧密相连的还有底妆所使用的产品以及上妆技巧,这些都非常重要,被视为成就完美底妆的幕后英雄。

1 隔离霜

在基本保养后、上粉底之前,先用具备肤色修正效果的隔离霜在脸部打底,不仅可以增加肌肤的明亮度,减少底妆的厚重感,还可以造就完美的服帖质感。

2 粉底液

选择与自己皮肤完美融合的粉底,利用粉底使皮肤看起来更加均匀、明亮,提升肌肤质感,一定要遵循"少量多次"的方式上粉底,与隔离霜的上妆方式相同,以脸部中央为中心点,用粉扑大面积由内向外轻轻推开。

3 遮瑕

如果使用粉底液后,皮肤还有局部瑕疵的状况,可以选择遮瑕液或遮瑕膏,利用遮瑕技巧,让脸部看起来光洁无瑕。遮瑕液具备保湿以及自然轻薄的特点,但是遮瑕效果较弱,适合轻度瑕疵的修饰。遮瑕膏的遮瑕效果强,特别适合黑眼圈、斑点、痘痘的遮盖,但使用过量,会有厚重感,所以在技巧上要特别注意,应该用遮瑕刷蘸取少量遮瑕膏,以轻点的方式轻轻涂抹于瑕疵处,再用刷子轻轻将边缘处与粉底过渡均匀。

4 修容与腮红

修容与腮红可以创造和强化脸部轮廓。腮红不仅有修饰脸型的作用,还具有增加肌肤红润光泽的作用。修容是利用色彩的明暗对比效果塑造脸部立体感,最常用的修容产品就是双色修容盘,一个是深色修容,另一个是浅色修容,修容的使用范围根据自己的脸部结构以及想要修补的地方确定。比如深色修饰脸部外侧、鼻山根等,浅色修饰眉骨、鼻梁等需要突出的结构部位。

5 粉饼或蜜粉定妆

粉饼或蜜粉都具有定妆的作用,可以防止皮肤出现因为油脂和汗液分泌而引起的脱妆现象。

(二) 五官的修饰

1 眼妆

成功的眼妆能迅速提升妆面的整体效果,眼妆的塑造手段主要有涂眼影、画眼线、涂睫毛膏,以及粘贴假睫毛等方式。

1) 眼影

民航服务人员日常妆容中最常用的眼影颜色一般不超过这四种类型,分别是打底色、过渡色、阴影色、高光色。其中颜色最浅的是高光色,修饰眼睛最凸出的部位,最深的是阴影色,修饰眼尾以及睫毛根部,过渡色是眼影的主色调。眼影类型如图 2-1 所示。

图 2-1　眼影类型

2) 眼线

眼线不仅仅是画在睫毛根部的一条线,它具有改善与调整眼型的效果。比如想让较圆的眼睛变长,可以拉长眼尾的线条;想让较长的眼睛变圆,可以在眼睛中段加粗。画眼线一般在眼影之后,睫毛造型之前,常见眼线产品有眼线胶笔以及眼线液笔,用眼线笔从眼尾开始往眼睛中段描绘,这样可以更好地掌握眼线的走向。

3) 睫毛

我们可以借助睫毛膏、睫毛夹或者假睫毛等打造浓密卷翘的睫毛。刷睫毛膏之前,先使用睫毛夹,让睫毛呈现放射状的弧度。夹睫毛的技巧在于分段夹,分别在睫毛根部、中部、尾端轻夹 2—3 秒,边夹边往上提拉,便可以造就完美的睫毛弧度。在刷睫毛膏的时候,要将视线向下,将刷头横拿,将中间的睫毛向上刷,眼头与眼尾的睫毛向外刷。当自身的睫毛条件不够理想,可以选择粘贴假睫毛。只要选择的假睫毛类型适当以及操作方法正确,也可以达到以假乱真的效果。

2 眉毛

眉毛的造型可以说是脸部彩妆最重要的配角,具有修饰脸型与平衡五官的作用。不同的脸型适合不同的眉型,画好眉毛,绝对有意想不到的效果。完美的眉毛从修眉开始,眉毛由眉头、眉峰、眉尾构成,这三个部位的不同位置,决定了眉毛的不同形状。民航服务人员可以选择眉峰位置略高、整体位置较为平缓的眉形。要打造最佳眉型,我们应该根据脸型来确定眉头、眉峰、眉尾的位置,以及审视两边的眉毛是否对称,接着把轮廓之外的杂毛清除,边修眉毛的轮廓边梳理眉毛的毛流,同时将过于长的眉毛进行局部修剪。

不仅要在眉形上与脸型搭配得恰到好处,而且要在眉毛颜色的处理上浓淡相宜。画眉也跟画眼影一样讲究层次感,一般使用眉笔或眉粉,也可以两者结合,把握"眉头淡,眉峰逐渐加深,眉尾偏浅"的渐层原则。所以首先下笔的地方应该是眉峰处,然后逐渐延伸到眉尾,最后淡淡地描绘眉头。

3 唇妆

娇嫩的唇妆可以让妆容更加完美。首先,用滋润度高的润唇膏将唇部彻底滋润,健康水润的嘴唇是美丽唇妆的基础。其次,使用遮瑕膏或粉底液淡化唇色与嘴唇轮廓,不仅能使唇妆更完美自然,也可以让后续唇膏色彩更持久。最后,用专业唇刷蘸取口红,一边勾勒唇形一边填补颜色,先画出对称的唇峰,然后画出唇峰对应的下唇部,再勾画两侧的唇角边缘。如果想让嘴唇看起来更饱满,可以在唇中央加上唇彩创造娇艳欲滴的视觉效果。

二、男性仪容要求

民航服务人员的男性妆容相对简单,总体秉承干净、自然、加强立体度以及轮廓感的原则,民航服务人员的男性妆容主要强调肤色的均匀、脸型与眉形的轮廓、脸部与鼻部的立体感,以及嘴唇的滋润度。

(一)面部的修饰

男性底妆追求肤色的均匀,不是越白越好,契合自己的肤色才是选择底妆的依据。在基本保养后、上粉底之前,先用具备肤色修正效果的隔离霜在脸部打底,再选择与自己皮肤完美融合的粉底,以"少量多次"的方式上粉底,与隔离霜的上妆方式完全相同,以脸部中央为中心点,用粉扑大面积由内向外轻轻推开。对于青春痘、痘疤、色斑等未能遮盖的局部小瑕疵可以选择专业遮瑕刷蘸取遮瑕产品轻点瑕疵处,再用刷子轻轻将边缘处与粉底过渡均匀。用粉扑蘸取适量的定妆粉,由下往上轻柔按压于脸部。最后利用修容与腮红塑造脸部轮廓。

(二)五官的修饰

1 眼妆

男性的眼妆不需要过多的修饰,眼影以哑光大地色系为主,勾勒出眼窝轮廓即可,太复杂的眼部修饰只会弄巧成拙,有损职业形象。

2 眉毛

眉毛的修饰从修眉开始,用修眉刀慢慢修整边缘并审视两边的眉毛是否对称,同时将过于长的眉毛进行局部修剪。齐整的眉毛会给人一种干净整洁的感觉,男性的画眉方法和女性的一样,在眉毛颜色的处理上要浓淡相宜,讲究层次感,一般使用眉笔或眉粉,也可以两者结合。但是男性和女性追求的风格不同,女性的眉毛突出纤巧精致,男性的眉毛则突出硬朗阳刚。

3 嘴唇

男性的唇妆修饰要领是"滋润与健康",不可以选择艳丽的颜色,会淹没了男性的阳刚之气。选择自然的唇膏颜色,这样可以提升气色。用滋润度高的润唇膏将唇部彻底滋润,用专业唇刷蘸取口红,只需要均匀涂满唇部就完成了。

■ 知识链接

中国民航首个乘务员职业形象规范正式发布

2021年5月,由中国航协编制的《民航客舱乘务员职业形象规范》正式对外发布,据了解这是我国民航业首个关于乘务员职业形象的团体标准。

《民航客舱乘务员职业形象规范》是客舱乘务员职业形象管理工作的规范,主要涵盖了制服、配饰、发型、妆容、职业姿态、职业礼仪六个方面,并强调了服从机长管理、工作场合职业礼仪等维护客舱安全的相关内容。该规范旨在为民用航空公司设计客舱乘务员职业形象提供基础性和通用性规范,为促进中国民航客舱队伍整体建设,强化队伍"真情服务"意识,"立足小客舱,服务大世界",提升乘务员职业形象和促进客舱安全做出努力。

规范指出,民航客舱服务具有安全限制、特情限制和空间限制,制服剪裁应合体,套装穿着应以方便乘务员工作为主;空勤登机证在进入候机楼隔离区域或上下飞机时,应规范佩戴;仅在工作值勤期间穿着制服,不穿着制服乘坐公共交通工具或进行私人活动,着制服期间不应喧哗打闹;应密切配合机组,自觉服从机长领导,应按机组要求对旅客诉求作出相应回答等。

据中国航协客舱乘务委员会副总干事陈培培介绍,《民航客舱乘务员职业形象规范》标准的编制填补了民航客舱乘务员在行业范畴内职业形象专业性和规范化的空白,在行业层面的团体标准尚属首次,在世界范围也处于领先水平。该规范已在业内做了相应宣传,得到了广泛关注和认可。

《民航客舱乘务员职业形象规范》查询网址:https://www.cata.org.cn/portal/content/show-content/20293/gfbz。

任务二 民航服务人员仪表礼仪

民航服务人员作为高标准、高素养的服务行业的形象代表,在工作场合的形象,代表着企业的形象,这要求民航服务人员展现的是共性而不是个性。当民航服务人员严格遵守制服的穿着规范,并形成一种穿着习惯时,不仅可以使旅客对民航服务人员产生信赖感和安全感,也会使民航服务人员自身产生职业荣誉感。民航服务人员的制服在某种程度上已经成为民航企业的一项重要竞争力。

一、民航服务人员着装基本要求

（一）干净整洁

民航服务人员着装的干净整洁体现出对工作的尊重与热爱，这也是民航业服务人员最基本的要求。民航服务人员的制服应该定期换洗，并熨烫平整，要求无异色、无异物、无异味，尤其是外露部分的衣领以及袖口部分更要保持干净。

（二）合身得体

民航服务人员制服不是简单通过大、中、小号来订制的，而是给每个人量体裁衣，因此，合身得体的制服不仅能展示出良好的身型，也能凸显精致干练的职业形象。制服要符合"四长四围"的要求，即袖至手腕、衣至虎口、裤至脚面、裙至膝盖；领围以插入一指大小为宜，胸围、腰围及臀围以插入一指的松紧为宜。图2-2所示为合身得体的制服。

图 2-2　合身得体的制服

（三）完整规范

民航服务人员必须严格遵守企业对员工的具体要求统一着装，个人不得擅自修改其款式或者颜色，与制服搭配的帽子和丝巾是整套制服的亮点之一，无论什么季节都必须佩戴。穿着制服时应保持完整规范，不允许不系扣子，出现衣物破损（如开线、缺失纽扣等）情况时，应该及时更换或者缝补。

二、民航服务人员职业着装规范

（一）民航服务人员着装规范

民航服务人员穿着制服时，必须系好所有纽扣，衬衣的下摆必须塞入裙子或者裤子中；戴帽子时，帽子应该戴在眉毛上方1—2指处；穿大衣时必须系好纽扣与腰带；穿皮鞋时必须保持光亮；穿丝袜时必须保持无破损。

（二）民航服务人员佩戴饰品规范

 手表

民航服务人员在工作场合必须佩戴手表，最好选择简约大方的正装手表，正装表的表带一般都是皮带,并且以黑色、灰色和深棕色为主,不可挑选彩色和白色的表带。忌讳选择时尚、卡通、运动类型手表。

2 戒指

民航服务人员只允许戴一枚戒指,一般戴在左手,只能戴在无名指或者中指上,而且戒指设计要简单,不适合戴镶嵌宝石类型的戒指,宽度不超过5毫米。

3 耳饰

男性民航服务人员不能佩戴任何款式的耳饰,女性民航服务人员可以佩戴一对黄豆大小的耳钉或者直径1厘米左右的耳环,但禁止佩戴单个耳饰。

4 项链

男性民航服务人员不能佩戴任何款式的项链与挂饰,女性民航服务人员应选择质地较轻、精致小巧的项链,需佩戴在衬衣里面。

5 其他饰物

民航服务人员不能佩戴手链、手镯、脚链、胸针等其他饰物。

■ **知识链接**

空乘制服变迁背后:以"善变"应万变

穿着统一制服,拖着行李箱穿梭在机场的空姐、空少,构成了靓丽的风景线。优秀的制服设计不仅能够为航空公司的服务增色,也体现了各航企的品牌特色,成为民航业优质服务的标志。

山东航空在喜迎安全飞行25周年之际发布新一代空勤制服,全面提升品牌形象。新制服以"羽黛山海·雁影长空"为背景,"服"取中华之汉服,"色"汲中国之绝色,"形"采华夏之山水,以此向传统文化致意,向山水自然致意,向美好蓝天致意。将弘扬优秀传统文化和引领时尚潮流相融合,全面提升品牌形象,助力山东航空为旅客提供更加优质的服务。

随着我国经济、社会、文化的飞速发展,民航旅客对于服务品质的要求在不断提高。在人们更加"见多识广"的今天,各航企更加努力改进制服设计,通过各种方式提升品牌形象。近年来,航空公司新制服设计亮点频出。2018年,海南航空推出新制服"海天祥云",以旗袍、祥云元素构成东方之美;四川航空2018年推出"川航红"系列新制服,以明亮的红色设计体现"川味"的火辣热情;2019年,吉祥航空首次换装,以"梦旅生花"为主题,淡雅粉和金色刺绣的设计同样独具特色。

纵观各航企近年来的新制服设计,都紧跟时代审美特点,巧妙融合了航企个性与时尚品位,既具备实用简洁的职业特色,又弘扬了优秀传统文化,体现了地域文化特色。

时装趋势和大众审美总是在变化之中,旅客对服务的需求也是如此。曾几何时,人们以乘坐飞机为荣,即使受条件所限只能得到面包和白水作为餐食,也十分开心满足。如今,民航的大众化使得人人都有机会乘坐飞机出行,旅客对餐食、娱乐、服务方式的要求也越来越多。如何化解有限的服务资源与日益增长的服务需求的矛盾，成为航企和一线工作人员亟待解决的问题。

与制服更新换代一脉相承的是，航企应与时俱进，不断将与旅客当下需求相吻合的理念融入服务改进的方方面面。比如，旅客如今更加注重个性化服务，就应避免生硬地使用固定服务程序，转而用更亲切、更有人情味的方式打招呼、做服务；旅客口味更加多变，就应创新餐食供应，引入有地域特色的餐品，提供更多选择。

适应改变并非是一种负担，而是激励行业不断进步的动力。以"善变"应万变，民航方能满足旅客在不同时代的服务需求。

（来源：中国民航报。）

任务三 民航服务人员仪态礼仪

民航服务人员在服务的过程中，虽未开口，但眼神、微笑等仪态形象就开始"说话"了，虽然无声但让旅客倍感亲切，可见，仪态形象也是民航服务人员的语言，它比口头表达更真实可信。民航服务人员在工作中的仪态形象都有严格的要求和统一的规范，这使旅客享受服务的同时也能感受到民航服务人员细致规范的仪态礼仪。

一、站姿

站姿是民航服务人员工作中最常用、最容易引起注视的服务姿态，最基础的站姿是头正颈直，两眼平视前方，下颌微收，面带微笑，双肩下沉，挺胸收腹，立腰提臀，呈现出挺拔、均衡、舒展、优雅的美好形象，这不仅可以体现一个人的精神面貌，也是衡量服务质量的重要指标。

（一）民航服务人员女性站姿

保持基础站姿，右手搭握左手四指，放于小腹前，四指不要露出，两腿并拢立直，脚跟靠紧，脚掌分开呈"V"字形。双脚也可以前后分开，左脚垂直于正前方，右脚在斜后方，左脚跟靠在右脚窝处，两脚呈现如"丁"字形。丁字步站姿如图2-3所示。

（二）民航服务人员男性站姿

保持基础站姿，右手握住左手手腕，贴在腹部，双膝直立，两脚分开平行站立，两腿分开约一肩宽。双手也可以置于背后，右手自然贴于背部并握住左手手腕。男性站姿如图2-4所示。

图 2-3　丁字步站姿

图 2-4　男性站姿

二、坐姿

正确规范的坐姿礼仪应该是"端坐",具体指人的坐姿像座钟般端直,上半身与大腿、大腿与小腿、小腿与地面形成直角。入座时要轻、慢、稳,从座位左侧入座,如果椅子位置不合适,需要挪动椅子的位置,坐在椅子上移动位置是违背坐姿礼仪的,应当把椅子移到合适的位置上,再轻缓地坐下。

（一）民航服务人员女性坐姿

女性入座时,若是裙装,应该用手将裙子稍稍拢紧,再轻缓地坐下,不要坐下后再拉扯衣裙。入座后上体自然挺直,抬头挺胸,坐椅子的三分之二部分,作为女性,坐姿的选择还要根据场合以及椅子的高低等情况,两手、两腿、两脚还可有多种摆法。离座时要自然稳当,右脚向后收半步再站立起身。

1　标准坐姿

女性在"端坐"的基础上双膝、双脚并拢,脚尖向前,双手交叠,右手搭在左手手背上,将叠放的双手置于大腿中间腿缝处。图 2-5 所示为标准坐姿。

2　斜放式坐姿

适合女性在较低处就座使用,女性在"端坐"的基础上,双脚向左或者向右斜放,但双膝、双脚并拢,脚尖应与腿在一条直线上,斜侧后的腿部与地面大约形成 45°角。图 2-6 所示为斜放式坐姿。

3　重叠式坐姿

女性在"端坐"的基础上,一条腿抬起,腿窝落在另一条腿的膝盖处。此时,上面的那条

图 2-5　女性标准坐姿

图 2-6　斜放式坐姿

腿尽量往里收,而脚尖向下。也可以交换两腿的上下位置。这种叠腿的方式就是我们平时所说的"二郎腿",不适合职业场合,更多用在社交场合可以展示女性修长的腿部线条,但长期采用此坐姿容易会对身体造成不良影响,所以建议少采用。图 2-7 所示为重叠式坐姿。

(二)民航服务人员男性坐姿

男性入座时,右脚向后退半步,上半身保持直立轻缓坐下,保持端坐,双脚平放于地面,两腿可以平行分开,与肩膀同宽,双手可以分别放在左右大腿上。离座时,与入座一样右脚向后退半步,然后起身从椅子左边离开。图 2-8 所示为男性标准坐姿。

图 2-7　重叠式坐姿

图 2-8　男性标准坐姿

三、蹲姿

正确优雅的蹲姿可以体现出个人良好的行为习惯和文明程度。男女都可以采用高低式蹲姿,一只脚后退半步,上半身保持挺直轻缓屈腿向下蹲,臀部一定要蹲下来,避免弯腰翘臀的姿势,双膝一高一低。值得注意的是,女性在下蹲时与入座相同,需要抚裙再屈腿向下蹲。男性两腿间可留有适当的缝隙,女性则要两腿并紧,穿裙装时需更加留意,以免暴露个人隐私。下蹲准备起身时,女性也需要抚裙,再平稳起立、收脚。

四、行姿

民航服务人员的行姿是体现男性阳刚、矫健,女性婀娜、优雅气质的重要形式,因此,行走的姿势极为重要。行走迈步时,上半身应保持站立的标准姿态,收腹挺胸,双臂放松在身体两侧自然摆动,双目平视,表情自然平和。脚尖应向着正前方,不应向内或向外,脚跟先落地,脚掌紧跟落地。

(一)民航服务人员女性行姿

女性常见的走姿是"一字步",这是女性行走时的最佳轨迹。"一字步"要求双脚内侧在一条直线上,因此,女性在行走时双膝内侧会有摩擦,步幅在 30 厘米左右。另外,要使步态保持优美,行进速度应该保持平稳、均匀。图 2-9 所示为女性走姿。

(二)民航服务人员男性行姿

男性常见的走姿是"平行步",即两脚的内侧落地的轨迹应为平行线,步幅在 40 厘米左右。男性的行进速度可以比女性快,但应快而不乱,如与女性同行时,应与女性保持一致的行进速度。图 2-10 所示为男性走姿。

五、手势

手势礼仪具有非常丰富的含义,是最有表现力的"肢体语言",打开你热情的双手,可能你会收获一份友好,如欢迎光临、招手致意、称赞鼓掌等。因此,民航服务人员恰当运用手势礼仪既可以指引告知信息,也可以传情达意。民航服务人员需要反复练习,使正确的手势礼仪形成习惯动作、成为身体的一部分,为自己的形象加分。

使用手势的基本要领是动作舒展自然,配合微笑以及礼貌用语,做到"手到、眼到、说到";任何时候,手势的幅度不能过大或者力度过猛。

(一)民航服务人员引导手势

民航服务人员在为服务对象指引方向等情况下都需要用到引导手势。

图 2-9 女性走姿

图 2-10 男性走姿

1 横摆式

在标准站姿的基础上，右手从腹前抬起，向右横摆到身体的右前方，左手自然下垂或者放在腹前，头部和上身微微向伸出手的一侧倾斜，目视宾客，面带微笑，表现出对宾客的尊重、欢迎。采用此手势时，可以根据所处环境互换左、右手姿势。图 2-12 所示为横摆式手势。

2 斜臂式

斜臂式手势适用于邀请服务对象入座的时候。在标准站姿的基础上，手臂先从身体的一侧抬起到腰部以上的地方，再向下摆动到距身体 45°处。图 2-7 所示为斜臂式手势。

3 双臂式

双臂式手势适用于接待众多服务对象的时候。在标准站姿的基础上，手臂由前抬起到腰部以上，再向两侧肩部舒展打开，值得注意的是手臂不用完全伸直。图 2-13 所示为双臂式手势。

（二）民航服务人员不同场景的引导礼仪

1 楼梯的引导礼仪

在引导服务对象上下楼梯时，出于安全的需要，上楼时应走在服务对象的后面，下楼时应走在服务对象的前面。注意要靠右侧行走。

2 电梯的引导礼仪

在乘坐升降电梯时，民航服务人员应该让服务对象先进先出，自己后进后出。民航服务人员引领服务对象来到电梯厅门前时，应主动按电梯按钮，当电梯门打开时，一手按开门

图2-11 横摆式手势

图2-12 斜臂式手势

图2-13 双臂式手势

按钮,另一手扶住电梯侧门,礼貌地请服务对象进入电梯间,按下服务对象要去的楼层按钮,到达目的楼层后,一手按住开门按钮,另一手并做出请的姿势,可说:"您先请!"当服务对象走出电梯后,自己随后步出电梯,并继续引导行进的方向。

❸ 迎宾接待的引导礼仪

当服务对象到达迎宾区域时,民航服务人员应面带微笑向客人行鞠躬礼,并向客人问好和表示欢迎。在引导过程中,民航服务人员一般在服务对象的左前方一米左右的位置上,传达"以右为尊,以客为尊"的理念。民航服务人员的手臂自然弯曲,手指伸直,五指并拢,以肘关节为轴,指向引领方向,通常伴随礼貌用语比如"您好,里面请"等,遇到台阶、拐角等特殊情况需要特别提醒。

（三）民航服务人员常用手势

1 递接物品

民航服务人员在递接物品时，应起身站立，用双手递物或接物体现出对对方的尊重，同时上半身略向前倾，如果在特殊场合下或不能使用双手时，一般用右手递接物品。当我们在递接尖锐物品（如剪刀、笔、螺丝刀等物件）的时候，一定不能伤害到对方，尖锐物件的尖头需朝向身体的两侧，既不能朝向自己，也不能朝向对方；当我们在递接水杯的时候，右手握住水杯下面的三分之一处，左手托住杯底，递给对方时将身子稍微倾斜，以示恭敬；当我们在递送文件的时候，以方便对方阅读为原则，需要握住文件的对角线，双手递给对方，眼睛看向对方并说："您好，请您过目。"同时，上半身需要倾斜一定的角度。

2 举手示意

举手示意时，民航服务人员需要面向对方，面带微笑，可轻微点头，手臂抬起，五指并拢，掌心向外，指尖向上，但不能高过头顶，切记不要使用手指指示。举手示意如图2-14所示。

3 展示物品

民航服务人员在众多旅客面前展示物品时，需要从观看标准和手位标准加以注意。首先，一定要方便现场观众对其进行观看。因此，要将被展示之物正面朝向对方并举至一定的高度，当四周皆有观众时，展示物品还须变换不同角度。其次，双手展示物品的高度要求：上不过眼部，下不过胸部。如果在胸部以下展示物品，显得不够大方雅致。展示物品如图2-15所示。

图2-14　举手示意

图2-15　展示物品

六、表情

表情是心理状态的外在表现,民航服务人员在工作中的表情与其职业态度、礼仪水准直接相关。因此,恰当表现出让服务对象满意、舒心的表情十分重要。表情礼仪包括眼神礼仪与微笑礼仪。

(一)眼神礼仪

眼神是面部表情的核心,可以最真实地反映出人的内心世界,民航服务人员的目光应该是热忱、友善、亲切的,眼神的运用应该注意时间、部位以及角度三个方面。

1 注视时间

民航服务人员在与服务对象交谈时,目光应该注视着对方,注视的时间应当达到交谈时间的三分之二,以表示对对方的尊重。

2 注视部位

民航服务人员在注视服务对象时,眼神注视的位置与双方的距离有关,分为远观全身,中观轮廓,近观三角。与服务对象相距较远时,民航服务人员应以对方的全身为注视点;与服务对象相距不远也不近时,民航服务人员应以对方的上半身轮廓为注视点;与服务对象相距较近时,民航服务人员应以对方的双眼与嘴唇之间的三角区域为注视点。

3 注视角度

民航服务人员正确的注视角度既有利于服务工作,又不至于引起服务对象的误解。注视角度主要有三种:第一,正视对方,也就是民航服务人员注视服务对象时,也要同时将面部与上半身转向服务对象,这是基本礼貌,表示重视对方;第二,平视对方,这与正视对方并不矛盾,即在注视服务对象时,民航服务人员的身体高度应与对方处于相似的高度。比如当民航服务人员就座时,看见服务对象到来,要起身相迎;第三,仰视对方,也就是民航服务人员抬眼向上注视服务对象,这样角度的注视,会给服务对象留下重视、信任的好感。

(二)微笑礼仪

对于民航服务人员来说,将微笑礼仪充分运用到服务工作中,为服务对象创造一种轻松愉悦的氛围,不仅可以拉近与服务对象的距离,同时也是民航服务人员爱岗敬业的一种表现。

1 微笑是整体协调的动作表情

发自内心的微笑,会自然调动人的五官,比如眉宇舒展,眼神明亮柔和,鼻翼略微张开,嘴角上扬。做到眼到、眉到、鼻到、嘴到,这样的微笑才具备感染力,深入人心。微笑作为一种令人愉悦的表情,它还要与语言、举止等相结合,比如民航服务人员接待服务对象的时候,一边面带微笑一边用手势指引,还会结合"欢迎您的到来"等礼貌用语。以姿助笑,以笑促姿,声情并茂,就能形成完整、统一、和谐的美。

2 微笑有度

面对不同场合不同情况,民航服务人员应学会用不同维度的微笑服务于人,这可以体现出民航服务人员的良好修养与诚挚的胸怀。不同维度的微笑有三种。第一种是一度微笑,口眼结合,只牵动嘴角肌,笑不露齿,像春天里的太阳一样让人感觉身心舒畅。例如,当服务对象在5米以外的距离迎面向你走来,这个时候就可以使用一度微笑。第二种是二度微笑,微笑时嘴角肌、颧骨肌同时运动,嘴角上扬,嘴巴微张,适用距离是3至5米。二度微笑像冬日里的暖阳,给人无限的温暖。第三种是三度微笑,嘴角肌,颧骨肌与其他笑肌同时运动,是一种会心微笑,也是人们常说的"八颗牙微笑",普通话中的"一""七""茄子"等字词的发音是练习三度微笑的最佳口型。三度微笑适合与服务对象近距离接触,笑起来像夏天似火的骄阳,分外的热情灿烂。

■ 知识链接

姿态也是你的语言

在一个人开口之前,他的举止和姿态就是他的个人宣言,虽然无声,但影响力却很大。

有一次,因为雷雨天气,航班延误了。一位旅客指着一位年轻的乘务员大声斥责道:"我的急事被你们耽误了,接下来的航班我也赶不上了,这个损失谁来负责?我要索赔!我要告你们!你们说不飞就不飞,太不尊重旅客了!如果没有急事谁会坐飞机?不就是图快吗?连这个都做不到,你们还能干什么?"

那位年轻的乘务员急得面红耳赤,支支吾吾地解释说:"先生……您误会了,不是我们……不想飞,是因为天气不好……"不容她说什么,这个旅客挥手示意她走开,那动作就像驱赶一只苍蝇。

这时候,一位年长一些的乘务员走过来,那个旅客还在发着牢骚。年长的乘务员微微倾身,保持45°角,耐心地倾听,并不急于插话。因为她知道,旅客心中有愤怒,不发泄完心中就会不舒服。认真地倾听就是争取一个同盟者的姿态,尽量使他感觉舒服。如果你没有冷淡和不耐烦,也不与之争论,旅客就会减少不安和敌视。

果然,年长的乘务员的姿态使旅客渐渐平静下来。接着,年长的乘务员做了诚恳的道歉:"先生,对此我表示十分真诚的歉意,飞机不能按时起飞给您造成了很多不便。但我们和您一样把安全放在了首位,现在航路上有雷雨,暂时不能起飞,一旦天气有所好转,我们会积极与机长联系,一有消息我会马上通知您。我和您的心情其实是一样的,非常希望能够尽快起飞。"

这位旅客的脸色有所缓和,情绪也不再那么激动,他有点无奈地说:"我只希望能够早些起飞。"然后就闭上了眼睛,再也不愿多说一句话了。

大概半个小时后,飞机还是无法正常起飞,年长的乘务员将这个情况报告给了乘务长。

乘务长拿了一杯水,并用热的湿毛巾折了一朵毛巾花,放在另一个一次性纸杯里,端了一个小托盘,来到那位旅客面前:"先生,打扰您了,天气比较热,请喝杯水吧。这是毛巾,您擦擦手。"她亲切而温和地说,言语温暖,不卑不亢。旅客把毛巾拿在手里,热乎乎的毛巾让他感觉很舒服也很意外。

"先生,飞机暂时还不能起飞,但机长正在联络,也许很快就有消息。今天很多航班都延误了,也许您的下一班机也会延误。一会儿,飞机一落地,我就来接您,您第一个下飞机,我陪您一起去办手续,好吗?"

这番话让旅客觉得自己无法再抱怨了,因为乘务长已经竭尽所能为他考虑得很周到了,况且乘务长也决定不了飞机的起飞。于是他说:"好的,谢谢您!"并且微笑了一下。

其实,一个乘务长能做到和承诺的东西十分有限,当然这个旅客最后也并不需要乘务长陪他去办手续,但乘务长体贴的姿态已透过行为完全传达给旅客,并且迅速抹去了旅客的不悦。

(来源:纪亚飞,《空姐说礼仪》。)

项目训练

1. 结合自身的五官特点以及岗位特点,完成一个完整的民航服务人员形象塑造。
2. 向大家介绍你平时的皮肤护理流程。
3. 如果你要参加民航服务人员的面试,你将如何打造自己的形象?
4. 养成优雅挺拔形体的好习惯,把民航服务人员日常行为举止改编成礼仪操,做成音乐小短片。
5. 案例分析:

小红经过各方面的努力终于被某航空公司录取,经过严格的培训之后,公司给她定制了空乘制服,她觉得制服的裙子又长又宽松,不能展示她婀娜的身材,于是私自改成紧身又热辣的短裙。当她穿上修改后的制服后,获得无数目光,正当她陶醉在这样的美好感觉里时,乘务长告诫她,需要她停飞反思,因为接到旅客投诉。小红很纳闷问乘务长:"这是为什么呢?"乘务长说:"旅客说你的形象过于性感不像乘务员……"

问题

当美丽与工作发生冲突时该如何做呢?

项目三　民航服务人员语言礼仪

 项目目标

知识目标

　　掌握民航服务人员基本礼貌用语。
　　了解民航服务用语的几个要素。
　　掌握电话礼仪应具备的原则。
　　掌握交谈礼仪应注意的事项。

能力目标

　　学生通过对民航服务人员语言礼仪的学习，能够掌握语言表达的基本应对技巧，熟练掌握带温度的服务用语的使用，能在处理旅客投诉的时候得心应手。

素质目标

　　掌握语言规范要求，提升语言表达技巧。

知识框架

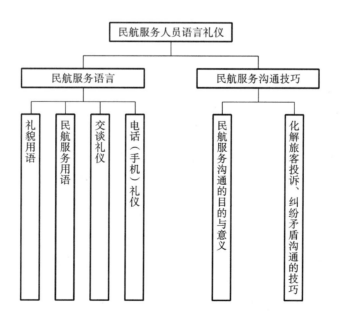

 **项目引入**

"多余的餐食"

在一次航班飞行中,乘务员正在为旅客提供正餐服务,由于机上正餐有鸡肉饭和牛肉面两种热食供大家选择,但供应到47E位置的时候,一位旅客需要的牛肉面刚好没有了。乘务员非常热心地从头等舱找了一份面送到这位旅客面前说:"真对不起,刚好头等舱多余了一份面我就给您送来了。"

旅客一听,非常不高兴地说:"头等舱不吃的给我吃?我也不吃!"由于话没说好,乘务员的好心不仅没有得到旅客的感谢,反而惹得旅客不开心。

问题思考:
1. 如果你是乘务员,就这件事情会如何与旅客沟通?
2. 请思考服务旅客时语言礼仪的重要性体现在哪些方面。

任务一　民航服务语言

一、礼貌用语

礼貌用语是指在语言交流中使用尊重与友好的词语。礼貌用语是尊重他人的具体表现,是友好关系的敲门砖。民航服务人员对己时应多用谦辞,对他人时应多用敬辞。民航服务人员在使用礼貌用语时,应注意以下五个方面。

(一) 礼貌用语要注意使用场合

民航服务人员在对客服务的过程中会使用到敬语。敬语主要用于四种场合:正规的工作场合;社交、会议、谈判等场合;和师长或身份、地位较高的人交谈的场合;和陌生人打交道的场合。根据不同对象应使用不同敬语。敬语的使用要有针对性,要先看对象,然后选用恰当的敬语。比如对客服务的过程中称呼旅客应该称呼"您";问一位中国长者的年龄就可以说:"您老高寿?"听到这类问话中国人都会高兴地回答,因为这类问话很有礼貌。但是如果直接去问一个外国人的年龄,他会很不愉快,认为这不礼貌,是对他的不尊重。社交、会议、谈判等场合应该避免口语化,同时应该避免亲属性称谓。和师长或地位高的人交谈不仅要尊称"您",同时要加上对方的姓氏和职务职称,比如,"张院士,今天能为您服务,我感到非常荣幸"。和陌生人打招呼也应该以"您"相称。

（二）礼貌用语措辞要谦逊

民航服务人员在交谈中，说话的语气一定要做到亲切谦和，措辞要谦逊，要平等待人，切忌随便教训、指责别人。措辞的谦逊文雅体现在两个方面：对他人大多用敬语、敬辞，对自己则应用谦语、谦辞。敬语与谦语是相对的，因为一个会尊重他人的人必然是自谦的，反之，一个狂妄自大的人，也绝不会尊重别人。常用的敬语有"请""您""阁下""尊夫人""贵方"等。"请您稍候""请帮我一下""请多关照""请留步"这些话中的"请"字不是多余的，多含有谦虚、尊重对方的意思。尤其是用在指令性的句子中会显得分外有礼貌，不生硬，有很好的语气调节作用。

（三）礼貌用语态度要诚恳

民航服务人员在谈话中要给对方一个认真、和蔼、诚恳的感觉。因为说话的态度是决定谈话成功与否的重要因素。谈话时，交谈双方都互相观察注意着对方的表情、神态，反应极为敏感，稍有不慎就会使谈话不欢而散或陷入僵局。当与旅客交谈时，民航服务人员的表情就要真诚、热情、愉快。如果三心二意、心不在焉，会引起对方的反感。

（四）礼貌用语要带有温度

1. "您好"改为分时间段问好的方式

"您好"是一句表示问候的礼貌语。民航服务人员遇到相识者或旅客，不论是深入交谈，还是打个招呼，都应主动向对方先问一声"您好"。若对方先问候了自己，也要很快回应。如果我们把"您好"改为分时间段问候的话，是不是给对方的感觉更加温暖了呢？因为这句话是针对接待对象来进行调整的，比如早上见到旅客，见面问候不是"您好"，而是"早上好"；同理，一天的不同时段见到旅客，我们对应的问候语应该是"上午好""中午好""下午好""晚上好"。

2. "请"字要常用

"请"是一句请托礼貌语。民航服务人员在要求旅客做某件事情时，居高临下不合适，低声下气、百般乞求也没有必要。在此情况下，多用上一个"请"字，就可以体现出尊重之意，也能够得到对方的照应。

3. "谢谢"要加上对旅客的称呼

"谢谢"是一句致谢的礼貌语。民航服务人员每逢获得理解、得到帮助、承蒙关照、接受服务、受到礼遇之时，都应当立即向对方道一声"谢谢"。这样做，既是真诚地感激对方，又是对对方的一种积极肯定。如果在谢谢后面加上对方的称呼或者形式就可以更好地传递我们对旅客的尊重。比如"谢谢您""谢谢您，李先生""谢谢您，王女士"等。

4 "对不起"要区别于"不好意思"

"对不起"是一句道歉的礼貌语。当民航服务人员打扰、妨碍、影响了他人，或是在服务过程中给他人造成不便，甚至给对方造成某种程度的损失、伤害时，务必要及时向对方说一声"对不起"。"不好意思"是当民航服务人员出现没有对他人造成影响的一些行为时的招呼方式，比如自己的鞋跟断了，被他人看到，这时应该说句"不好意思"。有时候大家容易把"对不起"与"不好意思"混淆。比如飞行过程突然颠簸，民航服务人员将饮料洒在旅客身上，就应该说"对不起，有没有烫着您？实在很抱歉。"而不能说"不好意思"了。

5 "再见"可以与"感谢乘坐本次航班，请慢走"等送别语轮流使用

"再见"是一句道别的礼貌语。在交谈结束，与人作别之际，道上一句"再见"，可以表达惜别之意与恭敬之心。"感谢乘坐本次航班，请慢走"更加具有人情味与温度。

（五）礼貌用语中应避免的语言

1 粗话

口中吐出"爷们""娘们""老头儿""老太太""小妞"等称呼，有失身份。

2 脏话

讲脏话非但不文明，而且自我贬低，十分不妥。

3 荤话

把绯闻、色情、"荤段子"挂在口边，会显得趣味低级。

4 怪话

说话怪声怪气、黑白颠倒，让人难生好感。

5 气话

说话时意气用事、发牢骚或指桑骂槐，很容易伤害人、得罪人。

6 冷漠、斥责、不耐烦命令式的语句

禁止使用冷漠、斥责、不耐烦、命令式的语句。例如，"没看我正忙着吗，着什么急""我就这样，你去投诉吧"。

二、民航服务用语

民航服务人员在服务过程中的许多工作是依赖语言来传递信息的。服务用语的礼貌、规范将直接关系到民航企业的形象和事业的成败。而规范的服务用语又将影响到本航空公司的形象。因此，民航服务人员在日常工作中，必须掌握语言礼仪规范，使用文明礼貌用

语，杜绝服务忌语。

（一）服务用语应注意声音塑造

声音在语言中的地位相当重要。语言情感的语音表现主要集中在有声语言上，以声传意，以声传情。民航服务人员在讲话时要用有魅力的声音，给人以美的享受，体现在以下几个方面。

1 说话的音量要适度

民航服务人员讲话时声音不宜过高，太高的音量容易在交谈中显得气势逼人，也容易让人反感。音量高到让人听清即可，明朗、低沉、愉快的语调最吸引人，所以语调偏高、音尖的人应该设法练习变为低调。同时，说话的音量也不宜过低。声音太低太轻让人听不清楚，会使你显得不够有说服力，容易被人忽视，同时觉得人不够自信。

2 说话的语调要柔和

民航服务人员在服务过程中，一般以语调柔和为宜。在讲话时保持抑扬顿挫的音调，避免粗鲁的对话，以理服人，而不是以声势压人。心平气和更能让人诚服。也不能用平淡、乏味的声音来交谈，这会让人有昏昏欲睡的感觉。语言美是心灵美的语言表现。"有善心，才有善言"，因此要语调柔和，应不断加强个人的思想修养和性格锤炼。

3 说话的速度要适中

民航服务人员讲话时，要依据实际情况的需要调整快慢，讲话速度不宜过快，应尽可能娓娓道来，给他人留下稳健的印象，也给自己留下思考的余地。但说话也不能太慢，否则和你交谈的人就会失去耐心。

（二）服务用语应把握交谈细节

1 称谓语要合理使用

称谓语有小姐、先生、夫人、太太、女士、大姐、阿姨、同志、师傅、老师、大哥等。在不确定的情况下，在中国，一般对男士称先生，对女士称女士。对西方女性未婚者可称呼为小姐。

2 拒绝语要婉转柔和

拒绝语一般应该先肯定，后否定。客气委婉，不简单拒绝。例如："您好，您的想法我们能理解，但恐怕这样会违反规定，给旅行安全带来影响，谢谢您的合作。"

3 征询语要运用恰当

确切地说，征询语就是征求意见或询问时的用语。例如："女士，您有什么需要帮忙的吗？"征询语常常也是服务的一个重要工具，征询语运用不当，会使旅客感觉不愉快。例如当旅客东张西望的时候,从座位上站起来的时候,这时民航服务人员应该立即走过去说"先生/女士,请问我能帮助您做点什么吗?""先生/女士,您有什么需求?"经常将"这样可不可以?""您还满意吗?"之类的征询语加在句末,显得更加谦恭,服务工作也更容易得到客人的支持。

4　道歉安慰语要真诚

民航服务人员每天接待的旅客不仅数量多,而且差别大。旅客来自四面八方,有着不同的职业、生活环境、教育背景、习惯和饮食口味,因而对服务的需求千差万别。即使十分注意和小心,也难免碰到各种无法预料的突发事件。面对各种突发事件导致的旅客不满及各种需求,民航服务人员要始终做到尊重客人,宠辱不惊、沉着大度,以妙语应粗俗,以文雅对无礼,论理处事有礼有节,矛盾自然会得到解决,同时也会赢得旅客对民航企业的理解和信任。例如,"很抱歉,航班由于天气原因延误了,我们会及时为您提供最新的消息""对不起,您要的饮料供应完了,但您可不可以品尝一下×××饮料,这款饮料味道也不错"。

5　指示语要明确肯定

命令式的语言,会让客人感到尴尬,很不高兴,甚至会与民航服务人员吵起来。如果你这样说:"先生,您有什么事让我来帮您,请您在座位上稍等,我马上就来好吗?"可能效果就会好得多。声音要有磁性,眼光要柔和。有些民航服务人员在碰到客人询问地址时,仅用简单的语言指示,甚至挥手一指等,这是很不礼貌的。正确的做法是运用明确和客气的指示语,并辅以远端手势。在可能的情况下,还要主动给客人带路。例如,"先生,请一直往前走""先生,请随我来"。

6　答谢语要及时

旅客提出一些服务方面的意见,有的意见不一定对,但民航服务人员也不可以争辩,应表示感谢,例如,"好的,谢谢您的好意"或者"谢谢您的提醒"。客人有时高兴了会夸奖服务人员几句,也不能心安理得,无动于衷,应该马上用答谢语给予回报。例如,"谢谢您的好意""谢谢您的合作""谢谢您的鼓励"。客人表扬、帮忙或者提意见的时候,都要使用答谢语。

三、交谈礼仪

在我国古代,人们讲究在人际交往中,要对交往对象"听其言,观其行"。这是因为言为心声,只有通过交谈,交往对象彼此之间才能够了解对方,并且被对方所了解。在民航服务的过程以及社交场合中都应该注意在交谈时具备的礼节和礼仪。

(一)交谈的目光

眼睛是心灵的窗户。一个人的喜怒哀乐,是聪慧还是狡诈,是忠厚还是愚蠢,都能从目光中流露出来。民航服务人员在谈话时,说话人的眼睛应该看着对方,表现出诚意、专注,这是对他人的尊重。目光注视的范围因场合的不同有所变化,有公务注视、社交注视和亲密注视之分。

1 公务注视

公务注视的位置是以两眼为底线、以额头发际线中点为最高点,构成的三角形区域内。这是一种严肃、郑重的注视,适用于公务活动。

2 社交注视

社交注视的位置是以两眼为上线、以鼻尖为最低点的倒三角形(见图3-1)。这种目光带有一定的感情色彩,亲切友好,适用于各种社交场合以及民航服务人员服务过程中。

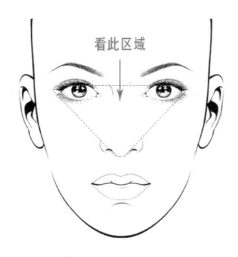

图3-1　目光注视位置

3 亲密注视

亲密注视的范围是在从眼部到胸部的一个较大的区域内(见图3-2)。这种注视的目光表达的感情亲近、柔和、随意,有时甚至是热烈的,所以只适于亲朋好友或恋人之间。

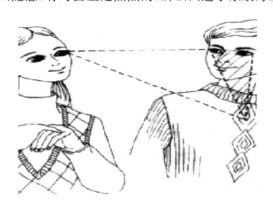

图3-2　亲密注视范围

（二）交谈的举止

为了表示诚恳的态度，举止一定要配合。在公务场合、社交场合，民航服务人员坐姿要端正。头懒散地靠在沙发背上、双膝分开坐着，类似的姿态都是不合适的。民航服务人员谈话时可以用适当的手势加强语气，帮助表达。谈话范围越小，手势的幅度就越小，手势频率不要过高，以免让人觉得心烦，影响注意力。要注意控制手部的小动作，不要用笔敲击桌子、笔记本，或像表演杂技一样把笔放在手指上不停地旋转。还有人喜欢玩弄钥匙串、掏耳朵、剪指甲等，这些小动作都应控制。

（三）交谈的内容

1 可以选择的内容

民航服务人员应选择目的性内容，即交谈双方已约定，或者其中某一方先期准备好的内容，如民航服务人员寻求帮助、征求意见、传递信息、讨论问题等；要多谈内容文明、格调较高的话题，如文学、艺术、哲学、历史、地理、建筑等；可以谈论时尚性内容，或者谈论令人心情愉快、身心放松、饶有情趣、不觉厌烦的话题，如文艺演出、流行时装、美容美发、体育比赛、电影电视、休闲娱乐、旅游观光、风土人情、烹饪小吃等；也可以一起探讨流行的主题，即以正在流行的事物作为谈论的中心，如奥运会、探月工程、油价物价上涨、神舟火箭发射等。

2 忌选择的内容

民航服务人员要让一场谈话客气地开始而愉快地结束，双方得到顺利的沟通，有一些忌讳是不可触犯的，否则"话不投机半句多"。有一些话题是不应该在公务场合和社交场合提出和谈论的，如涉及个人隐私的问题。我们都知道不应该问女性的年龄，其实怕谈及年龄的不仅仅是女性，有不少男性也不愿意被人问这个问题，人到中年时面临事业是否有成的压力，尤其是处于升职与否的敏感年龄阶段，不愿意与别人比来比去。所以，不论是男性还是女性，都不要问年龄。婚姻状况是个人隐私，也是不可随意打听的。有些航空公司规定员工之间不允许互相打听工资、奖金，所以收入状况也忌问。有时，在交谈中因为不慎，会谈及一些令交谈对象感到伤感、不快或令对方不感兴趣的话题，这就是所谓令人反感的主题，碰上这种情况出现，应立即转移话题，必要时要向对方道歉。

四、电话（手机）礼仪

（一）接电话礼仪

1 左手持听筒，右手拿笔做记录

民航服务人员在与客户进行电话沟通的过程中，应左手持听筒，右手拿笔进行必要的文字记录或操纵电脑,这样就可以轻松自如地达到与客户沟通的目的。

2 电话铃声响起三声之内接听电话

一般情况下在电话铃声响起三声之内接听电话,如果电话铃声响了三声之后仍然无人接听,可能会给客户留下公司员工的精神状态不佳或是工作效率不高的不良印象。

3 接电话时应主动报出公司或部门的名称

民航服务人员在电话接通之后,应主动向对方问好,并立刻报出本公司或部门的名称,以方便对方确认电话是否拨打正确。

4 确认来电者身份及姓名

电话沟通的过程中民航服务人员应主动确认来电者姓名、联系方式及身份,方便进一步沟通与联系,同时应注意自己的语气,要亲切随和,避免令对方尴尬。

5 听清楚来电目的

民航服务人员了解清楚来电者的目的,有利于对该电话采取合适的处理方式。需了解清楚的问题有:本次来电的目的是什么?是否可以代为转告?是否一定要被指名者亲自接听?每个员工都应该积极承担责任,不要因为不是自己的电话就事不关己、心不在焉。

6 复诵来电要点

民航服务人员在电话接听完毕之前,不要忘记复诵一遍来电的要点,防止因记录错误或者偏差而带来的误会,从而使整个工作的效率更高。例如,应该对时间、地点、联系电话、区域号码等各方面的信息进行确认,尽可能地避免错误。

7 用语礼貌客气

来者是客,以客为尊。公司的成长和盈利都与客户的来往密切相关。因此,航空公司员工对客户应该心存感激,向他们道谢和祝福,如"感谢您的来电,祝您生活愉快"。

8 客户先收线

民航服务人员接电话和打电话的过程中,都应该牢记让客户先收线。因为一旦先挂上电话,对方一定会听到"嘟嘟"的声音,这会让客户感到很不舒服。因此,在电话即将结束时,可以礼貌地提示请客户先收线,这时整个电话才算圆满结束。

(二) 打电话礼仪

1 电话要有理由

通过此次电话需要达到什么目的?这个电话是不是非打不可?这些都是需要民航服务人员在打电话之前考虑清楚的问题,因为打电话需要占用双方工作时间,所以能节省则尽量节省。

② 电话所要传达的内容要精准

为了使一次通话取得最好的效果,民航服务人员应该事先准备好所要讲述的内容,并思考采用何种方式向接电话者传达信息,使之能够马上领会到致电意图。需要注意的是,电话的内容应该使客户产生宾至如归的感觉,为公司赢得良好的口碑。

③ 电话的对象要区分

通话的对象可能是公司高层,也可能是普通的公司职员,因此,民航服务人员在电话开始时需要确认一下接电话者是不是自己所要找的人。接电话的对象不同,会涉及不同礼貌用语的使用。但不管接听对象是谁,在选择对方称呼时都应该注意满足对方的被尊重感,以获得相应的回报。

④ 选择对方比较合适的时间进行通话

应该尽量避免在对方工作忙碌、例会、用餐、休息等时间打电话,这就需要在平时多注意收集详细的资料,建立客户档案,从而获得对方较高的认同度。

⑤ 选好与客户进行会面的具体地点

由于很多公司可能只有一个电话线路,如果会面地点确定不下来,那么占线时间过久必然会影响公司的对外通话系统。因此,在打电话之前就应该大致选好会面的地点,通常可以选择在两公司之间的某个地方。

(三) 手机礼仪

使用手机,特别是在社交场合,民航服务人员应该把自己的声音尽可能地压低一些,绝不能大声讲电话。不要在别人注视你的时候查看短信,一边和别人说话,一边查看手机短信,是对别人的不尊重,也是不礼貌的行为。在短信的内容选择和编辑上,应该和通话文明一样重视,因为通过你发的短信,意味着你赞同、至少不否认短信的内容,也同时反映了你的品位和水准。在会议中、和别人洽谈时,最好把手机关掉,或调到静音状态。这样既能显示出对别人的尊重,也不会打断讲话者的思路。在餐桌上,应关掉手机或是把手机调到震动状态,手机不停地响,会给人一种三心二意的感觉,更不要正吃到兴头上的时候,被一阵扰人的铃声打断。在飞机上,为了自己和其他旅客的安全,全程都不要使用手机。

任务二　民航服务沟通技巧

一、民航服务沟通的目的与意义

（一）民航服务沟通有利于改善民航服务人员与旅客之间的关系

沟通的基本功能是改善交往双方的关系。首先，沟通可以防止误会。在民航服务过程中，由于性格、宗教信仰、文化水平等主观原因，以及时间、地点、环境等客观原因的作用，民航服务人员与旅客之间很容易产生误会。如果误会处理不当，就会给民航服务工作带来不利的影响，甚至可能造成无法弥补的损失。防止误会发生的最佳途径就是和旅客进行良好的沟通。其次，沟通可以化解矛盾。民航服务人员每天要面对成百上千、形形色色的旅客，因为工作而产生矛盾在所难免。要让矛盾得到解决，前提是不能激化矛盾，这就需要双方的让步。通过沟通，双方只有充分了解和理解对方的立场及处境，才能缓和紧张的气氛，在沟通中取得解决矛盾的平衡点，最终成功地化解矛盾。

（二）民航服务沟通有利于增进民航服务人员与旅客之间的友谊

根据美国著名心理学家马斯洛的需要层次理论，旅客渴望得到民航服务人员的尊重。服务人员如果能与旅客进行良好的沟通，满足旅客被尊重的需要，能够增进双方的友谊，从而树立航空公司良好的企业形象。

（三）民航服务沟通有利于民航服务人员为旅客提供良好的服务

沟通是人际交往的基本形式，通过沟通可以交流信息并获得感情与思想。沟通有利于与他人建立和发展和谐友好的关系。在民航服务过程中，民航服务人员如果能与旅客进行良好的沟通，不仅能为旅客提供最需要的服务、化解不必要的冲突和误解，还能满足旅客人际交往的需求。通过沟通，民航服务人员能够更好地了解旅客的需要和困难，有针对性地帮助他们。从而让自己的服务技能水平得到提高，并被旅客所认可。

（四）民航服务沟通需技术手段支持

在多数航班延误的状况下，民航服务人员与旅客沟通容易发生冲突，在这种情况下，专业的解释是非常重要的。航班延误情况下，航空公司也往往在等待空管部门给出指令，而空管部门亦需其他方面的信息汇总进行判断。民航服务人员可以根据实际情况专业性地给予旅客合理的解释，避免投诉发生。

二、化解旅客投诉、纠纷矛盾沟通的技巧

(一) 应冷静分析投诉差异化、做到因人而异进行沟通

1 个性差异障碍

旅客容易相信热情善良、态度诚恳的民航服务人员,不愿轻信那些不尊重人、服务态度冷淡的民航服务人员。

2 情绪情感障碍

民航服务人员如果不被旅客所接受,那么他与旅客之间的沟通是非常困难的。民航服务人员在与旅客进行沟通的过程中,表现得过分热情,会使对方产生"动机不纯""心术不正"的联想。但也不可以表现得过于冷漠,对一切都无动于衷、麻木不仁。为了克服这种交流障碍,民航服务人员要学会情感的自然调节,把握情感的尺寸,既不能过分热情,也不能过于冷漠。

3 文化背景障碍

文化是人类在社会历史发展过程中所创造的物质财富和精神财富的总和,是历史的积淀。虽然在历史的进程中,不同文化相互影响和渗透,但是,不同国家和民族的文化却依然保持了各自独特的一面。因此,文化具有差异性,在某种文化中被认为是至关重要的东西,对于其他文化来说,可能并不会受到如此的重视。伴随着航空业的发展,文化差异的影响也越发突显。民航服务人员必须培养跨文化意识,加强跨文化交往能力,在进行文化交流与展示时,注重文化的融合和变迁,顺应世界航空业的发展。

4 角色地位障碍

角色地位障碍是十分常见的一种沟通障碍。虽然工作只有分工的不同,没有高低贵贱之分,但在实际的生活中,依然存在有人对服务工作持轻视、不屑一顾的态度,认为民航服务人员所从事的就是伺候人的工作,或者仗着自己有钱有势,不尊重服务人员,甚至为难服务人员。此外,也有部分民航服务人员觉得自身条件良好,是经过百里挑一选拔出来的,因而自视清高、态度傲慢,对旅客缺乏热情和耐心,让旅客难以接近。遇到这种角色地位障碍,就需要我们进行换位思考。民航服务人员要想得到尊重,首先就要尊重旅客;旅客要想得到更好的服务,就要理解和支持服务人员的工作。如果我们都能设身处地为对方着想,沟通就会变得很顺利。

5 语言差异

语言是人与人之间沟通、交流的主要工具,是用以表达思想的符号系统。由于文化程度的差异,同样一种思想,有的人能够很好地表达清楚,但是有的人就无法表达清楚。如果民航服务人员不能清楚、准确地表达相关信息,就会让旅客理解错误或不知所云,影响沟通

的效率。不同语言种类的使用也会造成沟通的不便。旅客来自四面八方,国内的或国际的,旅客使用的语言种类繁多,这在客观上给民航服务人员与旅客的沟通带来了困难。目前,国内机场服务及航班服务都要求使用普通话,目的就是减少因地方语言而带来的交流障碍。而在国际机场及航班服务中,大部分的旅客是使用英语来交流的,因此,民航服务人员如果能使用多种语言与不同的旅客交流,将会给服务工作带来更多的便利。

(二) 沟通要具备清晰、富有逻辑的思维

民航服务人员应主动表达自己的沟通动机,理清自己的内心感受,理清对方的内心感受,冲突要先缓和,并且遵循多赞扬、少批评的原则。记住旅客的姓名,主动与其打招呼,称呼要得当,根据马斯洛需要层次理论,使用称呼时要遵循就高不就低的原则,让旅客觉得备受重视。

(三) 沟通要尊重、真诚面对旅客

民航服务人员在与旅客的沟通过程当中,务必要以旅客为中心,放弃自我中心论。做到心平气和、不乱发牢骚,这样不仅自己快乐,旅客也会心情愉悦。对待旅客一定要真诚,旅客受伤时要发自内心、真诚地安慰他,旅客有困难时要发自内心、真诚地帮助他。

(四) 沟通要有活泼的个性和幽默风趣的言行

民航服务人员应塑造一种愉快的交谈氛围,这种快乐的情绪不但会感染别人,也会使沟通变得更加容易。但民航服务人员需要注意,幽默要不失分寸,风趣但不显轻浮,否则会事与愿违。同时,充满自信的民航服务人员更容易激发他人的沟通动机,博得旅客的信任,产生使人乐意交往的魅力。

(五) 沟通要充分发挥自身优势,充分利用非语言因素

民航服务人员与旅客沟通时要注意保持最佳的谈话距离和身体姿势。眼睛是心灵的窗户,与旅客沟通时要注视着对方,以示尊重,但绝对不能死死地盯住旅客。讲话时注意声音与视线保持协调,悦耳的声音会让人如沐春风,与旅客沟通时一定要注意语音、语调和语速。无论何时都要记住最重要的一点,微笑是人类最富魅力的语言,与旅客沟通的时候一定要注意保持真诚、开朗的笑容。

■ 知识链接

不正常航班服务口诀

航班迟,心焦急,莫将双眉中间挤;询原因,问时间,信息沟通当迅即。
先广播,讲事由,真诚致歉把怒息;发报纸,放录像,分散注意是妙计。

时间长,没关系,送水送餐降火气;老年人,小朋友,特殊旅客要熟悉。

勤巡视,多留意,安全监控要警惕;旅客疑,巧应答,耐心解释不要急。

客有难,尽全力,切莫满口承诺其;遇抱怨,多倾听,微笑理解要切记。

项目训练

1. 请两位同学分别扮演旅客和乘务员,设计不同主题,针对不同旅客的类型进行服务沟通练习。

2. 向大家展示10个带有温度的礼貌用语。

3. 请你列举2例生活中的不良语言沟通案例,针对这些案例,你会如何处理?

4. 案例实训:

飞行途中,旅客们发现了一位当红明星,很多旅客争着向明星索要签名,此时你该怎样与旅客沟通?如果你是服务人员,你该怎么办?请以3—4人为一小组,分别扮演乘务员、旅客、点评员。

提示:注意说话时的态度和措辞;找出问题产生的原因,提出解决的措施;注意对旅客服务的行为礼仪和仪态。

项目四　民航服务人员接待礼仪

项目目标

知识目标

了解迎接礼仪,掌握握手礼、名片礼仪、空间礼仪等知识。

了解引导礼仪,掌握位次礼仪以及电梯礼仪等知识。

了解民航服务人员的迎接、引导、送别礼仪并掌握其规范。

能力目标

学生通过对民航服务礼仪基本理论知识的学习,端正服务的态度,培养民航服务礼仪的意识,做好对客服务的心理准备、思想准备和行为准备。

素质目标

掌握礼仪规范要求,增强自身文明修养。

知识框架

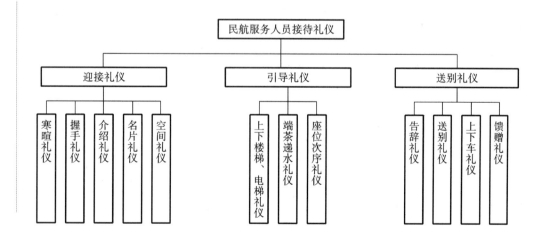

项目引入

小张是某航空公司的乘务员。在一次执行广州飞往云南的飞行任务时,乘务长安排小张在 L1 门处迎客。由于云南正值旅游旺季,此趟航班的旅客非常多。

虽然客舱内有冷气,但站在舱门口的小张依然感觉很热。没站一会儿,小张就有些不耐烦,可是只有一小部分旅客登机。在接下来的迎客中,小张脸上的微笑慢慢消失,也不主动帮助旅客提拿行李,只是按照标准站姿站在舱门口。在面对旅客的询问时,也只是随手一指,一副懒散的样子。

○ **问题思考:**

你认为小张在迎客时未遵循哪些礼仪规范?

任务一　迎接礼仪

迎人接客,是民航服务中基本的形式和重要环节,是民航服务人员表达友谊、体现礼貌素养的重要方面。迎接是给旅客留下良好第一印象的重要工作之一。

一、寒暄礼仪

寒暄礼仪是民航服务人员与旅客会面时的开场白,是交谈的序曲与铺垫。

(一)寒暄的定义

音乐始于序曲,交谈起于寒暄。寒暄不仅是一种必不可少的客套,而且可以为交谈做情绪的铺垫。寒暄作为加深民航服务人员与旅客关系的第一步,有以下几个更广泛的意义:①没有恶意与敌意,表示持有好的态度;②表示对对方持有敬意;③表示对对方有感谢之意;④寻求对方的理解与帮助。

(二)寒暄的常见类型

1　典型问候型

典型的说法是问好。

(1)见到旅客、同事、领导的时候,主动问候"您好"或"你好"。

(2)使问候更加贴切,可以加上时间词,如"早上好""中午好""晚上好"等。

(3)在旅客登机时主动问候"您好,欢迎乘机!""您好,欢迎乘坐本次航班!""小朋友,早上好!请跟我来,你的座位靠窗口"等。

2　传统意会型

传统意会型寒暄主要是指一些礼貌提问实际上只是表示问候的招呼语,如"吃过饭了吗""怎么这么忙"等。这一类问语并不代表提问,只是见面时交谈开始的媒介语,主要用于熟人之间。

3　攀认型

攀认型寒暄是抓住双方共同的亲近点,并以此为契机进行发挥性问候,以达到与对方顺利接近的目的。民航服务人员在与旅客接触时,只要留心,就不难发现自己与旅客有着某种共同点,像"同乡""自己喜欢的地方""自己向往的地方""自己认为的人间好去处"等就是与旅客攀认的契机,就能与旅客"沾亲带故",如"您是广州人,我母亲出生在广州,说起来,我们算是半个老乡了""您是昆明人,我也算是昆明人。我在昆明读了四年书,昆明可以说是我的第二故乡了"。

4 关照型

关照型寒暄主要是在寒暄时要积极地关注旅客的各种需求,在寒暄过程中要不露痕迹地解决旅客的疑问或疑难。

二、握手礼仪

人们见面时,通常都会相互行礼,以便向交往对象致以敬意。对中国人来说,握手便是人们相互见面时使用最为普遍的礼节。在日常生活里,握手虽为司空见惯之事,但在许多方面却颇为讲究,若是疏忽大意,则难免会弄巧成拙。

(一) 基本要求

(1) 选择好时机,要握手就大大方方地伸出手,借这个动作准确传达你的信息。
(2) 在飞机上,为了尊重旅客的权利,不应先伸手,而旅客伸手时,我们应做出回应。
(3) 乘务员应遵循年龄长者、地位高者、女士先伸手的礼节。
(4) 一般情况下,我们都应该用右手与别人的右手相握。除非是老友惊喜重逢或是表达深切的谢意,否则最好不要用双手去握手。
(5) 把握好握手的时间,3—5秒为宜。
(6) 把握好握手的力度,不要因为过于用力或轻描淡写让人感到疼痛或缺乏诚意。

■ 知识拓展

1. 两人握手的顺序
男士女士间,女士先伸手;
晚辈长辈间,长辈先伸手;
上司下属间,上司先伸手;
老师学生间,老师先伸手;
迎接客人时,主人先伸手;
送别客人时,客人先伸手。
2. 多人握手的顺序
第一顺序是由尊而卑;
第二顺序是由近而远;
圆形场地按顺时针顺序。
3. 男女之间握手
男士要等女士先伸出手后才握手。如果女士不伸手或无握手之意,男士向对方点头致意或微微鞠躬致意。男女初次见面,女方可以不和男士握手,只是点头致意即可。

4. 宾客之间握手

主人有向客人先伸出手的义务。在宴会、宾馆或机场接待宾客,当客人抵达时,不论对方是男士还是女士,女主人都应该主动先伸出手。男士因是主人,尽管对方是女宾,也可先伸出手,以表示对客人的热情欢迎。而在客人告辞时,则应由客人先伸出手来与主人相握,在此表示的是"再见"之意。

5. 长幼之间握手

年幼的一般要等年长的先伸手,和长辈及年长的人握手,不论男女,都要起立趋前握手,并要脱下手套,以示尊敬。

6. 上下级之间握手

下级要等上级先伸出手。但涉及主宾关系时,可不考虑上下级关系,主人应先伸手。

7. 一个人与多人握手

若是一个人需要与多人握手,则握手时亦应讲究先后次序,由尊而卑,即先年长者后年幼者,先长辈而晚辈,先老师后学生,先女士后男士,先已婚者后未婚者,先上级后下级,先职位、身份高者后职位、身份低者。

(二) 握手的方式

1 姿势

身体以标准站姿站立;上体略前倾;右手手臂前伸,肘关节屈;拇指张开,四指并拢。

2 神态

与人握手时神态应专注、热情、友好、自然。与人握手时,应面含微笑,目视对方双眼,并且口道问候。在握手时切勿显得自己三心二意、敷衍了事、漫不经心、傲慢冷淡。如果迟迟不握他人早已伸出的手,或是一边握手,一边东张西望,目中无人,甚至忙于跟其他人打招呼,都是极不礼貌的。

3 力度

握手时用力应适度,不轻不重,恰到好处。如果手指轻轻一碰,刚刚触及就离开,或是懒懒地、慢慢地相握,缺少应有的力度,会给人勉强应付之感。一般来说,手握得紧是表示热情,男人之间可以握得较紧,甚至另一只手也加上,包括对方的手大幅度上下摆动,或者在手相握时,左手又握住对方胳膊肘、小臂甚至肩膀,以表示热烈。但应注意既不能握得太用力,使人感到疼痛,也不能显得过于柔弱。对女性或陌生人,轻握是很不礼貌的,尤其是男性与女性握手应热情、大方、用力适度。

4 时间

通常是握紧后打过招呼即松开,一般为3—5秒。但如亲密朋友意外相遇,与敬慕已久之人初次见面,至爱亲朋依依惜别,衷心感谢难以表达等场合,握手时间就长一点,甚至紧握不放,话语不休。在公共场合,如列队迎接外宾,握手的时间一般较短。握手的时间应根据与对方的亲密程度而定。

(三) 握手的禁忌

(1) 不要用左手与他人握手。尤其是在与阿拉伯人、印度人握手时要牢记此点,因为他们认为左手是不洁的。

(2) 不要在握手时争先恐后。握手时,应当遵守秩序,依次而行。特别要记住,与基督教信徒交往时,要避免两人握手时与另外两人相握的手形成交叉状。这种形状类似十字架,在基督教信徒眼中是很不吉利的。

(3) 不要在握手时戴着手套。只有女士在交际场合戴着薄纱手套与人握手才是被允许的。

(4) 不要在握手时戴着墨镜。只有患有眼疾或眼部有缺陷者方可例外。

(5) 不要在握手时将另外一只手插在衣袋里。

(6) 不要在握手时另外一只手依旧拿着东西而不肯放下。例如,仍然拿着香烟、公文包等。

(7) 不要在握手时面无表情。切莫与人握手时不置一词,好像根本无视对方的存在,而纯粹是为了应付。

(8) 不要在握手时长篇大论。切莫与人握手时点头哈腰,滥用热情,显得过分客套。过分的客套不会令对方感受到热情,只会让对方感到不自在、不舒服。

(9) 不要在握手时把对方的手拉过来、推过去,或者上下左右不停抖动。还需谨记,切勿在握手后拉着对方的手长时间不放。

(10) 不要以肮脏或患有传染性疾病的手与他人相握。

(11) 不要在与人握手之后立即揩拭自己的手掌。这样做好像与对方握一下手就会使自己受到"污染"似的。

■ 知识链接

握手礼的由来

来由一:

早在远古时代,人们以狩猎为生,人们手上经常拿着石块或棍棒等武器。他们遇见陌生人时,如果大家都无恶意,就要放下手中的东西,并伸开手掌,让对方抚摸手掌心,表示手中没有藏武器。这随着时代的变迁,这个动作就逐渐形成了现在的握手礼,成为我们日常生活中最常用的礼节。

来由二:

握手礼起于中世纪的欧洲,当时恰是身着戎装的骑士侠客盛行的时代,他们头顶铜盔,身披铠甲,腰挂利剑,就连双手也罩上了铁套,一身豪气,让人敬而远之。可见了亲朋好友怎能还这般冰冷待人,于是他们便取下铜盔,脱下铁套,与之握手,同时表示我的右手不是用来握剑杀你的,这是西方握手之起源。

三、介绍礼仪

在民航服务接待礼仪中,介绍是一个非常重要的环节。是人际交往中与他人进行沟通、增进了解、建立联系的一种最基本、最常规的方式。通过介绍,可以缩短人们之间的距离,帮助扩大社交的圈子,促使彼此不熟悉的人们更多地沟通和更深入地了解。

(一)介绍的类型

根据介绍的对象,场合的不同,可分为以下几种。
(1)依社交场合的方式来分,有正式介绍和非正式介绍。
(2)依介绍者的位置来分,有为他人介绍、自我介绍、他人为你介绍。
(3)依被介绍者的人数来分,有集体介绍和个人介绍。

(二)介绍的主要类型

(1)自我介绍。
(2)他人介绍。
(3)集体介绍。

(三)介绍的形式

1 自我介绍

自我介绍是最重要的一种介绍方式,把自己介绍给其他人,使对方认识自己。自我介绍的基本程序是:先向对方点头致意,得到回应后再向对方介绍自己的姓名、身份和单位,同时递上事先准备好的名片。自我介绍总的原则是简明扼要,一般以半分钟为宜,情况特殊也不宜超过3分钟。

通常需要做自我介绍的情况有以下几种。
(1)社交场合中遇到你希望结识的人,又找不到适当的人介绍。这时自我介绍应谦逊、简明,把对对方的敬慕之情真诚地表达出来。
(2)电话约某人,而又从未与这个人见过面。这时要向对方介绍自己的基本情况,还要简略谈一下要约见对方的事由。
(3)演讲、发言前。这时面对听众做自我介绍,最好既简明扼要,又富有特色,利用"首轮效应",给听众留下一个良好的第一印象。
(4)求职应聘或参加竞选。这时更需要自我介绍,而且自我介绍的形式可能不止一种。既要有书面介绍材料(个人简历),还要有口头的,或详或简,或严肃庄重,或风趣、幽默、诙谐等。这会直接影响求职或竞选者能否成功。

掌握自我介绍的语言艺术,应注意以下几方面的问题。
(1)镇定且充满自信、清晰地报出自己的姓名,并善于使用体态语言,表达自己的友善、关怀、诚意和愿望,这是自信的表现。如果自我介绍模糊不清,含糊其词,流露出羞怯自卑的心理,会使人感到你不够自信,因而也会影响彼此间的进一步沟通。

(2) 根据不同交往的目的,注意介绍的繁简。自我介绍一般包括姓名、籍贯、职业、职务、工作单位或住址、毕业学校、经历、特长或兴趣等。自我介绍时应根据实际需要来决定介绍的繁简,不一定把上述内容逐一说出。在长者或尊者面前,语气应谦恭;在平辈和同事面前,语气应明快,直截了当。

(3) 自我评价要掌握分寸。自我评价一般不宜用"很""第一"等表示极端赞颂的词,也不必有意贬低,关键在于掌握分寸。自我介绍时,表情要自然、亲切,注视对方,举止庄重、大方,态度镇定且充满信心,表现出渴望认识对方的热情。

2 他人介绍

他人介绍,即第三者介绍,它是经第三者为彼此不相识的双方引见介绍的一种介绍方式。在一般情况下,为他人介绍都是双向的,即第三者对被介绍的双方都做一番介绍。有些情况下,也可只将被介绍者中的一方向另一方介绍。但前提是前者已知道、了解后者的身份,而后者不了解前者。

为他人做介绍时应遵循以下基本礼仪原则。

(1) 在向他人介绍时,应首先了解对方是否有结识的愿望。最好不要向一位有身份的人介绍他不愿认识的人。

(2) 注意介绍次序。应该先把年轻者、身份地位低者介绍给年长者、身份高者;先把年轻的、职务相当的男士介绍给女士;先把年龄低、未婚者介绍给已婚者;先把客人介绍给主人,把晚到者介绍给早到者;如果是业务介绍必须先提到组织名称、个人职衔等。集体介绍可以按照座位次序或职务次序进行。为他人介绍应遵守"先向尊者介绍"的原则。

(3) 介绍人做介绍时,应该多使用敬辞。在较正式场合,介绍词也较郑重,一般以"×××,请允许我向您介绍……"的方式。在不十分正式的场合可随便些,可用"让我介绍一下"或"我来介绍一下""这位是……"的句式。介绍时清晰地说出得体的称谓,有时还可用些定语或形容词赞美对方。

(4) 为人介绍时注意手势和表情。被介绍时,眼睛正视对方。除年长或位尊者外,被介绍双方最好站起来点头致意或握手致意,同时应说声"您好,认识您很高兴"或"真荣幸能认识您"等得体的礼貌用语。

3 集体介绍

集体介绍,实际上是介绍他人的一种特殊情况,它是指被介绍的一方或者双方不止一人的情况。

进行集体介绍的顺序,可参照他人介绍的顺序,也可酌情处理。但应注意,越是正式、大型的交际活动,越要注意介绍的顺序。

(1) 单向介绍。在演讲、报告、比赛、会议、会见时,往往只需要将主角介绍给广大参加者。

(2) 笼统介绍。若一方人数较多,可采取笼统的方式进行介绍,例如,"这是我的家人""这是我同学"。

(3) 双向介绍。当被介绍者双方地位、身份大致相似时,应遵循"少数服从多数"的原则,先介绍人数较少的一方。若被介绍者双方地位、身份存在差异,地位高者虽然人数较少或只有一人,也应将其放在尊贵的位置,最后加以介绍。

(4)人数较多各方的介绍。若被介绍的不止两方,需要对被介绍的各方进行位次排序,排列的顺序可以是:以座次顺序为准;以抵达时间的先后为准;以其负责人身份为准;以单位名称的英文字母顺序为准。

■ 知识拓展

空乘面试的自我介绍范文

各位考官,下午好！今天能在这里参加面试,有机会向各位请教,我感到非常荣幸。我叫×××,来自以"张国臂掖,以通西域"而得名的张掖,今年××岁。

我是一个兴趣爱好广泛的人,热爱音乐表演,在发展自己爱好的同时我也没有懈怠自己的学习。因为个性亲和,在学校我一直担任学习委员,在班里与同学相处十分融洽,能上传学生意见,也能下达老师的指示,是同学们的好班委,也是老师的好助手。

空乘这个职业一直是我梦寐以求的,我想将自己吃苦耐劳的精神发挥到工作中,也想让自己亲和的性格能感染每一个旅途疲惫的人,给别人带去温暖和快乐！

四、名片礼仪

(一)名片的起源

名片源于社交。据史书记载,名片最早起源于封建社会。西汉时期,诸侯王为了拉近与朝廷当权者的距离,经常的情感联系在所难免,于是发明了"谒"。所谓"谒"即拜会者把名字和其他推荐文字写在竹片或木片上,作为拜谒者的身份象征。所以西汉时名片被称为"谒",《释名·释书契》载:"谒,诣告也。书其姓名于上以告所至诣者也。"

东汉时,谒又被称为名刺。考古人员在发掘的汉墓中发现,这种谒或名刺,系木简,长22.5厘米,宽7厘米。上有执名刺者名字,还有籍贯。随着造纸术的发展,名片的材料也由原来的竹片变成纸张了。

至唐代,名片多以纸张为主要材料。唐代长安新科进士以红笺名纸互换,以便沟通。晚唐名片又唤作门状、门启,都是自报家门的一种方式。宋代的名纸还留有主人的手迹。元代称名刺为"拜帖"。明清时又称"名帖""片子",内容也有改进,除了自报姓名、籍贯,还书写了官职。

明代因沿袭唐宋的科举法律,并使之平民化,读书便成了普通人改善生存的出路,识字的人大多添置"名帖"。学生见老师,小官见大官都要先递上推自己的"名帖",即唐宋时的"门状"。"名帖"这时才与"名"字有了关联,明代的"名帖"为长方形,长七寸[①]、宽三寸,递帖

[①] 1寸≈3.33厘米。

人的名字要写满全副帖面。如递帖给长者或上司,"名帖"上所书名字要大,"名帖"上名字大表示谦卑,"名帖"上名字小会被视为狂妄。

清代才正式有"名片"这一称呼。随着资本主义列强入侵,国内与外界接触频繁了,名片也得到普及。清代的名片,开始向小型化进展,尤其是在官场,官小利用较大的名片以示谦卑,官大利用较小的名片以示地位。

名片发展到现在更是出现了各种各样的形式。名片的使用相当普遍,分类也比较多:①按用途,名片可分为商业名片、公用名片、个人名片;②按制作方式,名片可分为数码名片、胶印名片、特种名片。

(二) 名片的分类

1 应酬名片

应酬名片的内容通常只有个人姓名一项,或加上本人的籍贯与字号。若为后者,则籍贯单独一行,顶格写,姓名与字号一行在中间,突出姓名,用大号字。这种名片主要适用于社交场合一般性的应酬,拜会他人时说明身份,馈赠时替代礼单,以及用作便条或短信。

2 社交名片

社交名片常用于自我介绍与保持联络之用。其内容有两项:姓名用大号字印于中央,联络方式用小号字印于右下方。根据需要,联络方式可包括家庭住址、电话及邮编等。

3 公务名片

公务名片指在政务、商务、学术、服务等正式的业务交往中使用的个人名片。它是目前最为常见、使用最广的一种个人名片。标准的公务名片应该包括所在单位、个人称呼、联络方式三项。

(1) 所在单位,根据情况可由企业标识、供职单位、所在部门三部分构成。需要注意的是,供职单位与所在部门最好统一,并写全称。此项内容以小号字印在名片左上角。

(2) 本人称呼应由姓名、职务以及学术头衔三部分构成。后两项可有可无,但不宜多,不要超出两种为好。本人姓名应以大号字体印在名片中央,职务、头衔以小号字体列在姓名之后。

(3) 联络方式应由单位地址、办公电话、邮政编码三部分内容组成,缺一不可。此项内容应以小号字印在名片右下角。手机号码、传真号码、E-mail 等是否需要列出,应酌情而定。但是,家庭住址和电话不宜提供。

(三) 正确使用名片的方法

要掌握交换名片的时机。名片作为一种"介绍信",它一般在如下场合使用:商业性交际场合,社交中礼仪性拜访,经贸洽谈和生意联系。

1 名片夹存放

名片是一个人尊严、价值的外在显现方式,所以,无论对自己还是对别人的名片都应该妥善保管。名片应放在较精致的名片夹里。男士的名片夹应该放在左胸内侧的西装口袋或专门的公文包里,女士的名片夹应该放在坤包里。

将名片夹放置于其他口袋甚至后侧袋里,是一种失礼的行为。在保管存放自己和他人的名片时,最好分开放置,以免误将他人的名片当作自己的名片递给别人,这会使自己在交际中陷于尴尬境地。

2 名片的递送

首先,要分清对象。递送名片不能像发传单一样,见人就递,逢人就送。因为名片代表了一个人的身份,在未确定对方的来历之前就递出自己的名片,有失庄重,而且有日后被冒用的可能。

其次,适当注意递送名片的顺序。名片的递送虽然没有太严格的先后之分,但一般是地位低的人先向地位高的人递送名片,男性先向女性递送名片。当对方不止一个人时,应先将名片递给职务较高或年龄较大者;如分不清职务高低和年龄大小时,则先和自己对面左侧的人交换名片。

再次,送给别人名片时,要事先拿在手里,或准备好放在易于拿出的地方,不要临时东翻西找。

最后,向对方递送名片时,应面带微笑,注视对方,将名片正对着接受名片的人,用双手的拇指和食指分别持握名片上端的两角,上体向前倾15°递给对方。如果是坐着的,应该起立或欠身递送。递送时,应说一些客气话,如"这是我的名片,请您收下""很高兴认识您,这是我的名片,希望以后多联系"等。

3 名片的接收

首先,接收他人递过来的名片时,除女性、老人和残疾者外,应尽快起身或欠身,上身前倾15°,面带微笑,用双手的拇指和食指分别持握名片的下角,并视情况说"谢谢""非常高兴得到您的名片"等,使对方感到你对他的名片乃至本人很感兴趣。

其次,接过名片要认真看一遍,最后将名片上的重要内容,如对方的姓名、职务、单位等读出声来,有不清楚的地方可以请教,对方一定会很高兴地告诉你。拿到名片后,切不可在手中摆弄,也不要随意放在桌上,更不要在名片上压东西,这些都是不尊重对方的表现。

最后,当对方递给你名片后,如果自己没有名片或没有带名片,应先向对方表示歉意,再如实说明理由,如"很抱歉,我没有名片""对不起,今天我带的名片用完了,过几天我会亲自给您寄一张"等,以免对方怀疑你的诚意。

4 索要和婉拒名片的礼仪

为了尊重别人的意愿,最好不要向他人索要名片。如果确信是他忽略了而并非不愿意,则可用委婉的方式提醒,如"不知以后如何与您联系""可否留下通信地址"等,对方自然会想起递给你名片。

当别人向你索要名片,你不想给对方时,应用委婉的方法表达此意,如"对不起,我忘了带名片""抱歉,我的名片用完了"。

(四)名片的其他意义

名片除社交场合介绍自己的作用外,还有以下意义。

1 代替便条

名片可用作一些即时性的礼节表示。在外国,名片作此用处时,常用铅笔在名片的左下方写一些特定意思的小写字母,以名片来表达自己的礼仪性致意。

2 表示祝贺

在西方,有时将名片附在礼品中,以此表示自己亲自前往,不再附礼单了。特别是送鲜花时,名片表示自己的问候。

3 通报身份

当自己要拜访一些尊贵的、陌生的人士时,为了避免冒昧,往往先请人传递一张名片,通报身份,以便主人决定是否接待。

(五)名片礼仪的禁忌

(1)到别处拜访时,经上司介绍后,下属再递出名片。
(2)如果是坐着,应尽可能起身接受对方递来的名片。
(3)辈分较低者,率先递出个人的名片。
(4)接受名片时,应以双手去接,并确定其姓名和职务。
(5)接受名片后,不宜随手置于桌上。
(6)不可递出污旧或有褶皱的名片。
(7)名片夹或皮夹置于西装内袋,避免从裤子后方的口袋掏出。
(8)尽量避免在对方的名片上书写不相关的东西。
(9)不要无意识地玩弄对方的名片。
(10)上司在时不要先递交名片,要等上司递上名片后才能递上自己的名片。

五、空间礼仪

(一)空间礼仪的含义

俗话说,距离产生美。人际交往中,适度的距离能增进相互的友谊,促进情感交流,不合适的距离只会适得其反,甚至带来尴尬、失意、挫败。

在尊卑之间、职级之间、主客之间、亲疏之间等,应体现出合适的空间距离。这个合适的空间距离,又可称为空间场,所谓空间场是指每个人对周围空间大小的需求程度。

(二)空间区域的划分

1 亲密距离

这是人际交往中的最小间隔,即通常所说的"亲密无间"。其近段在15厘米以内,彼此可能肌肤相触,耳鬓厮磨,以至相互能感受到对方的体温、气味和气息,如拥抱、接吻等。其远段为15厘米—44厘米,表现为挽臂执手,促膝谈心等。

这一距离有非常特定的场景和对象,一般属于私下情境,例如贴心朋友、夫妻和情人之间的交谈。

亲密距离在大庭广众前或一般的异性之间是绝对禁止的,否则不仅不雅观,还会因为不行"礼"而引起另一方的反感甚至冲突。

2 个人距离

这在人际间隔上稍有分寸感,表现为较少的直接身体接触。一般近段为46厘米—76厘米,正好能相互亲切握手,友好交谈。远段为76厘米—122厘米,已有一臂之隔,恰恰可能的身体接触之外。

这一距离通常为人们在交往场合所接受,它有较大的开放性,任何朋友和熟人都可以自由地进入这个空间。

3 社交距离

这已超出了亲密或熟悉的人际关系,而是体现出一种社交性的或礼节性的较正式关系。近段为1.2米—2.1米,一般出现在工作环境和社交聚会上的交往。远段为2.1米—3.7米,往往表现为更加正式的交往关系。一些有较高身份和地位的人往往通过一个特大办公桌的相隔与下属交谈。

这一距离大都是考虑到交往的正式性和庄重性。如企业或国家领导人之间的谈判,教授与学生间的论文答辩等,以增加一种庄重的气氛。

4 公众距离

在这个空间中,人际间的直接沟通大大减少。其近段为3.7米—7.6米,远段则在7.6米以外。这是一个几乎能容纳一切人的"门户开放"的空间。人们完全可以对处于这个空间内的其他人"视而不见",不予交往,因为相互间未必发生一定联系。在这个空间的交往,大多是当众演讲之类的。

(三)空间距离影响因素

1 不同文化背景或民族差异的影响

实践研究表明,地中海国家的人交往时允许有较多的身体接触,相互靠得较近,而北欧国家的人则相互离得较远,很少有肌肤相触。同是欧洲国家,法国人与英国人交谈时,法国人总是保持较接近的距离,乃至呼吸也会喷到对方脸上,而英国人会感到很不习惯,步步退让,维持适合自己的空间范围。同是美洲国家,对北美人来说,最适宜的交谈距离是距一臂左右,而南美人交谈则喜欢近一些。东西方文化的差异对交往距离的影响就更大一些。

2 社会地位和年龄差异的影响

地位尊贵的人物,较之地位较低的人需要更大的个体空间,一般是有意识地与下属和人群保持相当距离,更不能容忍这些人紧靠着他说话,乃至抚肩拍背或气息喷到脸上。同样,年龄差异较大的人之间交往距离较之同龄人之间会更近一些,比如长辈抚摸儿童的头和脸,而这在成年的同龄人之间就是一种不敬的表示,会显得粗俗无礼。

3 性格差异的影响

性格开朗、喜欢交往的人更乐意接近别人,个体空间相对较小。而性格内向、孤僻自守的人不愿主动接近别人,宁愿把自己孤立地封闭起来,当然对靠近他的人也就十分敏感,他们的个体空间一旦受到侵占,容易产生不舒服感和焦虑感。具有主动性格的人,容易无意识地单方侵入对方的个体空间,而客观上给对方造成威迫的压力。

4 性别差异的影响

一般来说,女性相聚比男性相会站得近。女性同男性对空间位置的安排也不同:女性往往会靠在她喜欢的人旁边,而男性则选择在他喜欢的人对面坐着。女性最反感陌生人坐在自己旁边,男性最不喜欢陌生人占据自己对面的位置。而且,男性会把坐在对面的"闯入者"视为竞争的威胁,女性则把坐在身旁的"闯入者"视为有意识的侵犯。

5 情绪状态和交往场景差异的影响

人在心情愉快、舒畅时,个体空间就会缩小,允许别人靠得很近,而若生气闷闷不乐时,个体空间便会非理性地扩张,甚至连亲密朋友也可能被拒之于外。在拥挤的社交场合,如舞会、聚会等,人们无法考虑满足自己的个体空间的需要,而较易容忍别人靠得很近,但会设法避免视线或呼吸的接触。当面对面时,眼睛会很自然地注意对方的头顶或空间的某个位置。然而,若在较为空旷的社交场合,人的个体空间就会自然扩大,当别人毫无理由地侵入时,便会引起怀疑和不自然的感觉。

任务二　引导礼仪

一、上下楼梯、电梯礼仪

民航服务人员在日常工作的礼仪接待中,上下楼梯、电梯时的引导陪同不可避免。总体来讲,我们应当以"安全第一,尊卑有序"为要求。

(一) 上下楼梯礼仪

1. 上下楼梯次序

(1) 上楼时,前方为上。通常上楼时尊者、长辈、走在前,如遇特殊情况,例如女士穿短裙时,男士应走在女士前方;或者作为引导者,也应该走在宾客前方。

(2) 下楼时的顺序则与上楼相反,与尊者、客人、异性一起下楼时,应主动走在前,以防身后之人有闪失。

2. 上下楼梯的安全

(1) 因为楼梯比较窄,并排走会影响他人,因此上下楼时,均应单行行走,不宜多人并排行走。

(2) 不论上楼还是下楼,都应身靠右侧而行,即应当右上右下,将自己左侧留出来,是为了方便有紧急事务者快速通过。

3. 上下楼梯的礼仪

(1) 两轻:步伐轻、言语轻。
(2) 三步:与客人保持三步的距离。

(二) 乘电梯的基本礼仪

(1) 电梯门口处,如果有很多的人在等候,可别挤在一起或挡住电梯门口哦,以免妨碍电梯内的人出来。而且应该让电梯内的人出来之后再进去,千万不可以争先恐后。

(2) 靠电梯最近的人先上电梯,然后应该为后面进来的人按住"开门"按钮,当出去的时候,靠电梯最近的人先走。男士、晚辈或下属应该站在电梯开关处提供服务,并让女士、长辈或上司先行进入电梯,自己再随后进入。

(3) 在电梯里,应该尽量站成"凹"字形,挪出空间,以便让后进入者有地方可站。

(4) 进入电梯后,正面应朝电梯口,以免造成面对面的尴尬。

(5) 在前面的人应站到边上,如果必要应先出去,以方便别人出去。

(6) 乘坐自动扶手电梯时,最好站在扶手电梯的右侧,左侧留做通道,以便有急事的乘客自由上下电梯。扶手电梯尽量单人乘坐,避免多人并行、拥挤。此外,不论乘坐厢式还是扶手式电梯,都要照顾好身边的小孩、老人和残疾人等。

(三) 电梯接待礼仪

(1) 出入有人控制的电梯,应后进去后出来,让尊者先进先出。把选择方向的权利让给地位高的人,这是走路的一个基本规则。当然,如果客人初次光临,对地形不熟悉,服务人员还是应该为他们指引方向。

(2) 出入无人控制的电梯,应先进后出并控制好开关按钮。电梯设定程序一般是30

秒或者45秒,时间一到,电梯就走。有时上电梯的人较多,导致后面的人来不及进电梯,服务人员应控制好开关按钮,让电梯门保持较长的开启时间,避免给后面的人造成不便。

(3)电梯内尽量侧身面对客人。到达楼层后,应一手按住"开门"按钮,另一手做出请的动作,可说:"到了,您先请!"客人走出电梯后,自己立刻步出电梯,并热诚地引导行进的方向。

(四)进出电梯礼仪

要注意出入顺序。与不认识的人同乘电梯,进入时要讲先来后到,出来时则应由外而里依次出入,不可争先恐后。与熟人同乘电梯时,则应视电梯类别而定。进入有人管理的电梯,应主动后进后出。进入无人管理的电梯时,则应当先进去,后出来。先进去是为了控制电梯,后出来也是为了控制电梯。必须主导客人上、下电梯。首先必须先按电梯按钮,如果只有一个客人,可以以手压住打开的门,让客人先进,如果人数很多,则应该先进电梯,按住开关,先招呼客人,再让公司的人上电梯。出电梯时刚好相反,应按住开关让客人先出电梯,自己后走出电梯。如果上司在电梯内,则应让上司先出,自己最后再出电梯。

二、端茶递水礼仪

茶倒七分满,是人生的一门学问,乘务员给旅客端茶倒水,同样也需要注意一些礼仪知识。那么我们要怎么给旅客倒茶才是正确的呢?

(一)茶水服务礼仪

1 茶具的准备

一定要先把茶具洗干净,尤其是久置未用的茶具,难免沾上灰尘、污垢,更要细心地用清水洗刷一遍。在冲茶、倒茶之前最好用开水烫一下茶壶、茶杯。这样,既讲究卫生,又显得彬彬有礼。

2 茶水的准备

多准备几种茶叶或饮料,使旅客可以有多种选择。上茶前,应先问一下旅客是喝茶还是喝饮料,遵循旅客的意愿。

3 个人卫生准备

给旅客倒茶的乘务员要先检查自己的妆容,特别注意手部的清洁。

(二)倒茶礼仪

倒茶的时候茶叶或其他饮料冲剂不宜过多,也不宜太少。过多则味过浓;太少则冲出的茶水没味道。假如旅客主动介绍自己喜欢喝浓茶或淡茶的习惯,那就按照旅客的喜好把茶水冲好。倒茶时无论是大杯还是小杯,都不宜倒得太满,太满了容易溢出,把桌子、凳子、地板弄湿,还容易烫伤自己或旅客的手脚,也不宜倒得太少,倘若茶水只遮过杯底就端给旅客,会使旅客感觉不受尊重,一般以杯子的七分满为宜。

(三)端茶礼仪

杯子的拿法应该是右上左下,即右手握手着杯子的二分之一处,左手拖着杯子底部,摆放在旅客右手上方 5—10 厘米处,有柄的则将其转至右侧,便于取放,面带微笑并说:"请用茶。"

乘务员应站在距座位 15 厘米处,同时位于旅客的斜前方。

(四)添茶礼仪

添茶时,如果是有盖的杯子,则用右手中指和无名指将杯盖夹住,轻轻抬起,大拇指、食指和小拇指将杯子端起,侧对旅客,在旅客右后侧方,用左手添茶。

如果不便或没有把握一并将杯子和杯盖拿在右手上,可把杯盖翻放在桌上或茶几上,只端起茶杯来倒水。同样摆放在饮水者右手上方 5 至 10 厘米处,有柄的则将其转至右侧。

■ 知识拓展

茶水服务礼仪细节

(1) 检查每个茶杯的杯身花样是否相同。
(2) 茶水的温度以 80 ℃为宜。
(3) 在倒茶的时候每一杯茶的浓度要一样。
(4) 要先给坐在上座的重要宾客倒茶,然后按顺序给其他宾客倒茶。
(5) 在客人喝过茶后应立即为其续上,不能让其空杯。

三、座位次序礼仪

(一)座次礼仪的概念

座次礼仪是指在各种宴会的座次安排中需要遵循的一系列礼仪规范。

(二)座次的基本礼仪

1 内外有别

礼仪规矩,更多用于招呼客人和正式场合。

2 中外有别

国内政府会议及公务场合,座位讲究左高。

一般商务场合及国际交往中,座位以右为尊。

3 遵循规则

地方交往、社交活动,要按照约定俗成的做法。国际交往中,要按照国际惯例进行表达。比如国内许多地方选举,通常以候选人姓氏笔画多少来进行排序,而国际会议则是按照拉丁字母顺序。联合国大会上各国的发言顺序,就是按照各国国名字母排列。

(三)座次排序基本规则

以右为上(遵循国际惯例)。
居中为上(中间高于两侧)。
前排为上(适用所有场合)。
以远为上(远离房门为上)。
面门为上(良好视野为上)。

 ## 任务三 送别礼仪

一、告辞礼仪

俗话说,天下没有不散的筵席。人们常常因有缘相聚会却又匆匆离别。告别用语言来表达,如"再见""珍重""保重""欢迎再来"等。也有动作表示,如拥抱、亲吻等。

在航班即将落地时,乘务员通过广播与旅客进行广播告别。在道别时,乘务员会对旅客道"再见",祝旅客一路顺风,生活愉快。

在航班结束后,旅客为了表达感激之情,会主动伸出手来与我们握手道别。我们应礼貌地回应他们,做好最后一道礼仪程序。

(1)选择好时机,要握手就大大方方地伸出手,借这个动作准确传达你的信息。

(2)在飞机上,为了尊重旅客的权利,乘务员不应先伸手,而是在旅客伸手时,我们应做出回应。

(3)乘务员应遵循年龄长者、地位高者、女士先伸手的礼节。

(4)一般情况下,我们都应该用右手与别人的右手相握。除非是老友惊喜重逢或是表达深切的谢意,否则最好不要用双手去握手。

(5)把握好握手的时间,3—5秒为宜。

(6)把握好握手的力度,不要因过于用力或轻描淡写而让人感到疼痛或缺乏诚意。

二、送别礼仪

在民航服务中,乘务员的姿态动作与其语言的表达同等重要,是紧密相连的礼仪规范。因此,乘务员应从迎送礼仪做起,树立起良好的民航企业形象和个人形象。

(一)标准的站姿与站位

1 女乘务员的标准站姿

女乘务员的标准站姿为V字步腹前握指式站姿和丁字步腹前握指式站姿。

(1)V字步腹前握指式:头正目平,面带笑容,微收下颌,双手腹前交叉握指,两腿夹紧,脚跟相靠,脚尖展开呈V字形。

(2)丁字步腹前握指式:在V字步站姿的基础上,将一只脚的脚跟靠于另一只脚内侧脚窝,两脚尖向外略展开呈约60°角,形成一个"丁"字。

2 男乘务员标准的站姿

男乘务员标准站姿有后握拳式、前握拳式和垂臂式。

(1)后握拳式:头正目平,面带笑容,微收下颌,肩平挺胸,身躯挺拔,双腿分开站立,脚尖与肩同宽,右手握住左手手腕,置于身体后背。

(2)前握拳式:头正目平,面带笑容,微收下颌,肩平挺胸,身躯挺拔,双腿分开站立,脚尖与肩同宽,右手握住左手手腕,置于身体腹前。

(3)垂臂式:双脚并拢,双手置于身体两侧,双臂自然下垂,贴于身体两侧,拇指内收,虎口向前,手指向下,目光有神,面带微笑,精神饱满。

3 标准的站位

乘务长应站在L1门处,其他乘务员应按乘务长指定位置,以标准站姿站位,面带微笑,迎送旅客。

(二)适宜的礼貌用语

(1)乘务员可根据时间的不同分别使用"早上好""中午好""晚上好"等欢迎词。

(2)乘务员可根据乘客年龄的不同使用不同的称呼。例如,"大爷""阿姨""大哥""小朋友"等。

(3)乘务员可根据头等舱旅客名单来称呼头等舱的旅客。例如,"李先生""陆女士"等。

(三)真诚的微笑和友善的眼神

真诚的微笑和友善的眼神可以消除乘务员与旅客之间的陌生感,缩短距离,营造出和谐融洽的氛围,使旅客感受到愉快与温暖。

民航企业要求乘务员在迎送客时使用真诚的微笑与友善的眼神,给旅客留下美好的第一印象,让旅客真切地感受到乘务员的热情友善、包容大度和敬业的职业素养。

(四)规范的示意手势

1 接递式

接递式基本要求:双手手指并拢,手心向上,拇指与食指捏住登机牌。在阅览登机牌的信息的同时配以语言加以说明。

2 示意式

示意式基本要求:五指并拢,手心向上与水平面呈 45°夹角,手指伸展,手臂伸展开成 135°弧线。

三、上下车礼仪

正式交际场合中,上下车先后顺序不仅是一种讲究,更是一种文明礼貌的体现,所以必须认真地遵守。上下车的基本礼仪原则是方便宾客,突出宾客。一般是让领导和客人先上,司机与陪同人员后上。下车时,司机与陪同人员先下,领导和客人后下。

(一)上车礼仪细节

(1)上车时,为领导和客人打开车门的同时,左手固定车门,右手护住车门的上沿(左侧下车相反),防止客人或领导碰到头部,确认领导和客人身体安全进车后轻轻关上车门。

(2)如果我们是外出办事,同去的人较多,对方热情相送,这时候我们应在主动向对方道谢之后,先上车等候。因为送别仪式的中心环节是在双方的主要领导之间进行的,如果所有人都要等领导上车后再与主人道别上车,就会冲淡双方领导道别的气氛,而上车时也会显得混乱无序。因此,如果大家是同乘一辆车,我们要先上车,并主动坐到后排去;如果我们是分乘几辆轿车的话,则应上到各自的车内等候,只需留下一个与领导同车的人陪同领导道别即可。

(3)环境允许的条件下,应当请女士、长辈、上司或嘉宾先上车。

(4)若同与女士、长辈、上司或嘉宾在双排座轿车的后排就座的话,应请后者先从右侧后门上车,在后排右座就座。随后,应从车后绕到左侧后门登车,落座于后排左座。

(5)由主人亲自开车时,出于对客人的尊重与照顾,可以由主人最后一个上车,最先一个下车。主人应为同车的第一主宾打开轿车的右侧后门,用手挡住车门上沿,防止客人碰到头。客人坐好后再关门,注意不要夹了客人的手或衣服。然后从车尾绕到左侧为另外的客人开门或自己上车。

（二）下车礼仪细节

（1）下车时，司机与陪同人员先下车，快速地为领导和宾客开车门，同时一手固定在车门上方，一手护住车门。如果很多人坐一辆车，那么谁最方便下车谁先下车。

（2）如果陪领导出席重要的欢迎仪式，到达时对方已经做好迎接准备。这个时候一定要等领导下车后我们再下车，否则会有抢镜头之嫌。这种情况领导如何下车呢？如果是三排以上商务车，由领导边上的人为其开门，再避到后排，为领导下车让出通道。如果是双排车，欢迎的人群中自然会有人为领导开车门。

（3）在人多并且合适的场合中，男士先下车，女士、长辈后下车，服务人员先下车，领导后下车。

（4）若无专人负责开启车门，陪同人员则应首先从左侧后门下车，从车后绕行至右侧后门，协助女士、长辈、上司或嘉宾下车，为之开启车门。

（5）乘坐有折叠椅的3排座轿车时，循例应当由在中间一排就座者最后登车，最先下车。

（6）乘坐9座3排座轿车时，应当由低位者，即男士、晚辈、下级、主人先上车，而请高位者，即女士、长辈、上司、客人后上车。下车时，其顺序则正好相反。唯有坐于前排者可优先下车，拉开车门。

（三）女士上下车礼仪

女士上车要双腿并拢，背对车门坐下，然后收入双腿；正面面对车门，双腿着地后再下车。上下轿车的先后顺序是请尊长、女士、来宾先上车后下车。

倘若女士裙子太短或太紧不宜先上车，此时男士不必过分谦让。女士上车时，得体的方法是：先背对车座，轻轻坐在座位上，合并双脚并一同收入车内；下车时，也要双脚同时着地，不可跨上跨下，有失大雅。

穿短裙的女士，上车时，应首先背对车门，坐下之后，再慢慢地将并拢的双腿一齐收入，然后再转向正前方。下车时，应首先转向车门，先将并拢的双脚移出车门，双腿着地后，再缓缓地移出身去。

（四）女士下车防走光小步骤

高雅又大方，这是在重要场合女宾应体现出来的气质。在车辆到达停车地点后，首先要确定一下下车的位置，也就是在车内观察一下车外的情况，在车停稳后，下车的步骤大约分为以下六个。

第一步：打开车门后，利用靠车内侧的手臂，先扶着前座的椅背以支撑身体。快速确认自己准备就绪，并给车外等待的人一个自信的微笑。

第二步：将靠车门边的脚慢慢踏至车子边缘。此时，双膝合拢。

第三步：将车门边的脚轻移至地面，利用车门边框轻微支撑起整个身体，并且注意裙子没有皱褶或扭曲。如果此时正穿着低胸上衣，那可以尝试着用手整理一下头发来避免走光。

第四步:将身体转向车门,将车门边缘作为身体的支撑,缓慢地将车内的手移向车门,并利用这股助力将身体提起。缓慢、平顺、流畅的动作是重点。

第五步:借两手的力量支撑身体优雅地离开车内。如果穿着的裙子有开衩,应将身体稍微前倾,让裙摆自然垂下,以避免不雅。

第六步:轻轻转动身体并优雅站直,同时将靠外侧的脚轻轻地往前摆好姿势。

(五)乘车细节禁忌

(1)不要争抢座位:上下轿车时,要相互礼让,不要拉拉扯扯,尤其是不要争抢座位。

(2)不要动作不雅:在轿车上应注意举止,切勿东倒西歪。

(3)不要不讲卫生:不要在车上吸烟,或是连吃带喝、随手乱扔垃圾。

四、馈赠礼仪

互相馈赠礼物是人们表情达意的一种方式。客观上,送礼受时间、环境、风俗习惯的制约;主观上,送礼因对象、目的而不同。所以赠送礼品也是一门艺术。

(一)馈赠的含义及目的、场合

1 含义

馈赠是人们在交往过程中通过赠送给交往对象礼物来表达对对方的尊重、敬意、友谊、纪念、祝贺、感谢、慰问、哀悼等情感的一种交际行为。

2 目的

馈赠的目的是沟通感情,保持联系,体现馈赠者的品质和诚意。

3 场合

馈赠场合包括表示谢意敬意、祝贺庆典活动、处理公共关系、祝贺开张开业、适逢重大节日、探视住院病人、受邀家中做客、遭受不测事件等。

(二)礼品的选择

(1)要看赠送对象的年龄、身份、地位,考虑赠送对象的兴趣、爱好和志向。

(2)要注重真情。

(3)要尊重禁忌。

(4)要看赠送者自身的经济实力。

"宝剑赠侠士,红粉赠佳人",送礼一定要看对象的特殊性。

原则如下:对家贫者,以实惠为佳;对富裕者,以精巧为佳;对恋人、爱人,以纪念性为佳;对朋友,以趣味性为佳;对老人,以实用为佳;对孩子,以启智、新颖为佳;对外宾,以特色为佳。

通常情况下,礼品的贵贱厚薄,往往是衡量交往人的诚意和情感浓烈程度的重要标志。然而礼品的贵贱厚薄与其物质的价值含量并不总成正比。因为礼物是言情寄意表礼的,它仅仅是人们情感的寄托物,人情无价而物有价,有价的物只能寓情于身,而无法等同于情。也就是说,就礼品的价值含量而言,礼品既有其物质的价值含量,也有其精神的价值含量。

(三) 礼品的赠送

1 精心包装

尤其是在正式场合赠送礼品,一定要认真包装,这样方显得正式、高档,而且还会使受赠者感到自己备受重视。包装时要讲究其材料、色彩、图案及捆扎、包裹的具体方式。

2 表现大方

赠送礼品,通常是为了表达心意,所以应当举止大方、神态自然。

赠送礼品时,需注意以下问题。

(1) 应当郑重其事地起身站立,走近受赠者,双手将礼品递给对方。
(2) 若礼品过大,可由他人帮助递交,但赠送者本人最好还要参与其中,并援之以手。
(3) 同时向多人赠礼,最好先长辈后晚辈、先女士后男士、先上司后下级、先外宾后内宾,按照次序,依次有条不紊地进行。
(4) 不要将礼品乱塞在对方居所之内,或者悄悄放下,而不直言相告。

3 认真说明

在以礼赠人时,要辅以适当认真的说明。大体上可分为以下四类。

(1) 因何而送礼。
(2) 自己的态度。
(3) 礼品的寓意。
(4) 礼品的用途。

(四) 受赠须知

1 欣然笑纳

接受他人馈赠之时,应注意以下五个问题。
①神态专注;②双手接捧;③认真道谢;④当面拆封;⑤表示欣赏。

2 拒绝有方

拒绝他人所赠送的礼品,一定要讲究方式、方法,依礼而行。符合社交礼仪的拒收礼品的方法有三种。

(1) 婉言相告法：即采取委婉的、不失礼貌的语言，向赠送者暗示自己难以接受对方的好意。

(2) 直言缘由法：即直截了当而又所言不虚地向赠送者说明自己之所以难以接受礼品的原因。公务交往中，此法尤为适用。

(3) 事后退还法：为避免赠送者尴尬，可当时接受下来礼品，但不启其包装，在24小时内将礼品物归原主。

3 依礼还礼

(1) 还礼时间：其最佳选择有三个，一是适逢与对方馈赠自己相同的机会还礼；二是在对方及其家人的某一喜庆活动中还礼；三是此后登门拜访之时还礼。

注意，还礼次数不必过多，完全没有必要一再还礼，以至使其成为一种负担。

(2) 还礼形式：一是以对方相赠之物的同类物品作为还礼；二是以对方相赠之物价格相当的物品作为还礼；三是以某种意在向对方表示尊重的方式来代替还礼。

项目训练

实训一：见面礼仪训练

(1) 分组。将全班学生分组，每6—8人为一组。

(2) 以小组为单位，根据以下情景，编排情景剧，进行见面礼仪训练。

某航空公司VIP旅客刘先生提前到达休息室，VIP工作人员小张和小李负责此次接待工作。

(3) 学生分别扮演小张、小李和VIP旅客，模拟休息室门处和休息室内的迎客礼仪。

(4) 每小组在模拟时，其他小组要认真观看，并做好记录。

(5) 模拟结束后，其他小组同学和老师进行分析和点评。

(6) 每小组负责人上台总结模拟结果。

实训二：接待礼仪训练

(1) 分组。将全班学生分组，每6—8人为一组。

(2) 以小组为单位，根据以下情景，编排情景剧，进行接待礼仪训练。

"乘坐MU7202北京飞往广州航班的旅客开始登机……"随着广播的播报，旅客们正陆陆续续地开始登机。乘坐此航班飞往广州的旅客有老年人、商务人士、旅行团的游客……乘务员在客舱门口迎接旅客。

情景剧中须有以下情节：①引导旅客行进；②给旅客奉茶、与旅客告别。

(3) 学生分别扮演乘务员和老年旅客、商务人士、旅行团游客，模拟L1门处和客舱内的迎客礼仪。

(4) 每小组在模拟时，其他小组要认真观看，并做好记录。

(5) 模拟结束后，其他小组同学和老师进行分析和点评。

(6) 每小组负责人上台总结模拟结果。

项目五　民航服务人员岗位礼仪

项目目标

○ **知识目标**

了解民航客舱服务礼仪,包括登机前的礼仪、客舱迎送的礼仪、客舱巡视的礼仪、客舱广播的礼仪和客舱(餐务)的服务礼仪,掌握民航客舱服务礼仪规范。

了解民航地面服务礼仪,包括候机楼值机服务的礼仪、问询服务的礼仪、VIP要客服务的礼仪和值机台服务异议处理的礼仪,掌握民航地面服务礼仪规范。

○ **能力目标**

学生通过对民航客舱和地面服务礼仪基本理论知识的学习,端正服务的态度,培养民航服务礼仪的意识,做好成为民航服务人员的心理准备、思想准备和行为准备。

○ **素质目标**

掌握民航客舱和地面服务礼仪规范,增强自身服务意识素养。

知识框架

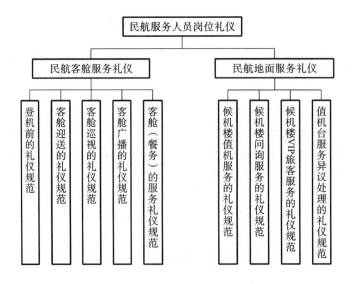

 **项目引入**

飞机马上就要起飞了,此时一位旅客按响了呼唤铃,请求乘务员给他一份报纸。乘务员很有礼貌地说:"先生,飞机进入平稳飞行后,我会立刻把报纸给您送过来。"飞机进入了平稳飞行状态后,突然,呼唤铃又急促地响了起来,乘务员猛然意识到:"糟了,由于太忙,忘记给旅客送报纸了!"乘务员赶忙来到客舱,小心翼翼地把报纸送到那位乘客跟前,面带微笑地说:"先生,实在是对不起,由于我的疏忽,耽误了您读报的时间,非常抱歉。"这位旅客抬起左手,指着手表说道:"怎么回事?有你这样服务的吗?你看看,都过了多久了?"乘务员手里拿着报纸,心里感到很委屈。但是,无论她怎么解释,这位旅客都不肯原谅她的疏忽。

在接下来的飞行途中,为了补偿自己的过失,乘务员每次去客舱给旅客服务时,都会特意走到那位旅客面前,面带微笑地询问他是否有需要,或者别的什么帮助。然而,那位旅客余怒未消,摆出一副不合作的样子,并不理会乘务员。

临到目的地前,那位旅客要求乘务员把留言本给他送过去。很显然,他要投诉这名乘务员。此时,乘务员心里虽然很委屈,但是仍然不失职业道德,显得非常有礼貌,而且面带微笑地说道:"先生,请允许我再次向您表示真诚的歉意,无论您提出什么意见,我都将欣然接受您的批评!"那位旅客脸色一紧,似乎准备说什么,可是却没有开口。他接过留言本,在上面写了起来。飞机安全降落。所有的旅客陆续离开后,乘务员打开留言本,惊奇地发现,那位旅客在本子上写下的并不是投诉信,而是一封热情洋溢的表扬信。信中有这样一段话:"在整个过程中,你表现出的真诚的歉意,特别是你的十二次微笑,深深打动了我,使我最终决定将投诉信写成表扬信!你的服务质量很高。下次如果有机会,我还将乘坐你的航班!"

○ 问题思考:
    1. 究竟是什么契机使得旅客改变了对乘务员的态度呢?
    2. 乘务员处理此事的方式给予我们什么启示?

 任务一　民航客舱服务礼仪

许多旅客对民航业的直接感知都来自客舱。从旅客登上飞机的那一刻起,一个真诚的微笑、一句亲切的问候、一杯清香的茶水、一条温暖的毛毯……每一个标准化、精细化的服务,都在展示企业形象和宣扬企业文化。而旅客置身在这样一个环境中,享受着乘务员为其提供的尊贵服务,在一定程度上符合了他们对于航空旅行的期望。

除了安全,服务提升更是目前各大航空公司参与市场竞争,吸引更多客户的手段之一。随着国民经济的高速发展和人民生活水平的不断提高,越来越多的旅客倾向于选择航空运输作为出行方式。在民航大众化的今天,航空公司靠什么来赢得更多的旅客?目前,各航空公司拥有的飞机在机型方面具有"相对同一性"的特点,使得客舱服务这个"软件"成为航空公司的核心竞争力之一,优质的民航客舱服务礼仪甚至可以形成一个响当当的品牌,为企业创造效益。

一、登机前的礼仪规范

在客舱,乘务员直接面对的是每一名旅客,乘务员的每一个细节,包括外在形象、举手投足、站立坐行,都关系到公众对这个职业的看法。所以乘务员应保持优质的客舱服务礼仪,努力学习服务技能、刻苦训练,提高个人礼仪素养,努力成为一名合格的民航服务人员。

(一)仪容仪表的准备

乘务员飞行前的仪容仪表准备,是指乘务员在飞行前对自己的外表按职业标准进行自上而下的打理,具体包括发型、妆容、着装、饰物、鞋袜等。端庄的发型、精致的妆容、得体的着装、恰当的饰品以及搭配得当的鞋袜等能凸显一名乘务员良好的职业形象。

(二)准备会礼仪

"准备会"是乘务员执行飞行任务前的第一项工作,由乘务长负责组织召开会议。准备内容包括航班号、航线、飞行时间、业务通告、分工、应急设备、准备空防预案、应急预案、检查有效证件和仪容仪表等项工作。

准备会的礼仪是乘务员客舱服务礼仪的最初阶段,从走进客舱部大楼那一刻起,就意味着工作即将开始。全体乘务员要用职业礼仪、职业形象、职业的精神面貌,全身心地投入工作。

1 主动相互问候

(1)资历浅的乘务员见到乘务长和资历深的乘务员应主动问好,要主动向CF(主任乘务长)、PS(乘务长)及资历深的乘务员打招呼。

(2)主动向乘务组成员做自我介绍。

2 摆放物品

(1)个人飞行箱、衣袋应按照乘务员守则要求,有序地摆放整齐。

(2)个人小背包统一摆放在自己的腿上,手中拿着笔和本,倾听乘务长所下达的任务及宣布的有关注意事项并适当地做记录(见图5-1)。

(3)工作帽整齐地摆放在会议桌上。

(4)登记证规范地挂在胸前。

衣箱摆放整齐,如图5-2所示,不要放在行人过道或出口处,妨碍他人通行。

(三)乘坐机组车礼仪

机组车是航空公司为乘务组提供的,从航前准备室前往候机楼的专用交通工具。通常

图 5-1 准备会的环境和场景

机组车还需要承运同一航班的机长、副驾驶、安全员等机组人员。乘务员乘坐机组车时（见图 5-3），言行举止应当体现出民航乘务员良好的礼仪素养。

1 问候礼仪

上车时礼貌待人，主动打招呼，问候机长和机组的其他成员。

图 5-2 衣箱摆放整齐

2 乘车礼仪

乘务员上下车时，应相互协助提拿行李。乘务员飞行箱、衣袋、资料箱按要求在规定位置依次摆放整齐，切勿妨碍他人通行。乘务员上车后先从后排座位就座，然后依次向前，将前面座位留给机长、副驾驶等。乘务员应礼让机长、副驾驶等机组人员。

图 5-3 上下机组车

（四）候机楼行进的礼仪

乘务员走进候机楼的一瞬间将会成为众人瞩目的焦点，在众人的目光下，乘务员美丽、端庄、大方的外表和优雅、从容而自信的仪态将展现得淋漓尽致，给人们留下美好的印象。

1 候机楼行走规范

（1）女乘务员左肩挎包，左手扶握住包带下端，右手拉箱（见图5-4）；男乘务员左手提包，右手拉箱。

（2）通过候机楼时，纵队前行，步伐适中，精神饱满，队形整齐。

（3）当遇到他人问询时，应放慢脚步，面带微笑，耐心友好地回答旅客的问询。严禁在行进中勾肩搭背、吃东西、玩手机或高声喧哗。

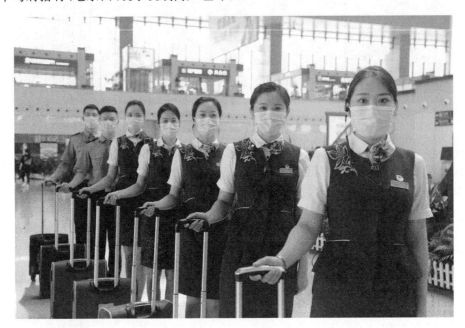

图5-4　机组列队进入候机楼大厅

2 行进仪态训练

1）女乘务员规范走路姿态

（1）头部及身体正确姿态的训练。

头正颈直，目光保持平视，不可东张西望。表情自然，略收下颚，行走时挺胸收腹，身体保持平稳，略微前倾。

（2）手臂姿态的训练。

左肩背着小包，手扶在背包带上，右手拉着飞行箱。

（3）步伐速度的训练。

乘务员通过候机楼时，自然地排成一路纵队，走时双脚的内侧在一条线上，步履要稳健而轻盈，脚步不宜过大、过急，要与自己的脚长成正比，不要随意甩动飞行箱或摆出一副懒散的走姿,要走出和谐的韵律感,走出航空公司空中乘务员的自豪感和美感。

2) 男乘务员的规范走路姿态

(1) 头部正确姿态的训练。

头部的正确姿态与女乘务员的相同。

(2) 手臂姿态的训练。

右手拉着飞行箱左臂自然下垂,和谐摆动。

(3) 步伐速度训练。

步伐不要过大、过急,应与自己脚长成正比,不要随意甩动飞行箱。通过候机楼时,行走中不能把手插在兜里,要求走出男性的自信、坚定和阳刚之美,如图5-5所示。

图5-5　机组行走

3 乘坐步行梯、电梯礼仪

(1) 自觉靠右侧站立(见图5-6),留出左侧通道,方便要快速通过的旅客。

(2) 安静地等待步行梯自动行驶,不得嬉笑打闹和做出有损职业形象的举止。

(3) 个人飞行箱要摆放在身体的后面或右侧。

(4) 机组人员需要乘坐升降梯或摆渡小火车时,应当主动协助同行人开/关电梯门和拿衣箱、行李。

(5) 当与旅客同坐一部电梯时,应保持人与人之间的安全距离,不要过于贴近。应把方便让给客人。

(五) 进入安检、海关、检疫区

进入安检区或通过海关、检疫区时,乘务员应主动与工作人员打招呼,有序地将自己的行李放置在传送带上,如需排队,要与前方人员保持距离,地面有黄线时,要站在黄线后。主动出示空勤人员登机证接受安全检查。

图 5-6　进入步行梯时靠右站

（六）候机楼待机礼仪

由于天气原因或机器故障等原因，航班延误时有发生，这时乘务员需要在候机楼大厅休息等候。当乘务员在候机楼集体亮相时，会成为众目睽睽的焦点，此期间是向公众展示良好职业形象的机会。要熟练地掌握乘务员在候机楼待机状态下的言行举止及坐姿仪态。

1 基本要求

（1）机组集体的衣箱要依次摆放整齐。
（2）仪态端庄优雅，安静等待，不可嬉笑打闹。
（3）禁止坐在窗台、柜台、台阶上，禁止做一切不符合专业化形象的行为举止。
（4）禁止在大庭广众之下吃东西或嚼口香糖。
（5）禁止在公众面前化妆、整理发型。
（6）禁止跷起二郎腿。
（7）禁止在禁烟区吸烟。

2 仪态训练

女乘务员的规范坐姿训练如下。
（1）头部端正，目光平视前方，表情自然。
（2）上身挺拔，小腿与地面垂直，靠椅背深坐。
（3）女乘务员两膝并拢，背包统一放在自己的双腿上，双手扶于小包上，如图 5-7 所示。

二、客舱迎送的礼仪规范

乘务员站在机舱门口、客舱内迎送旅客，是代表航空公司、乘务组对乘坐本次航班的全

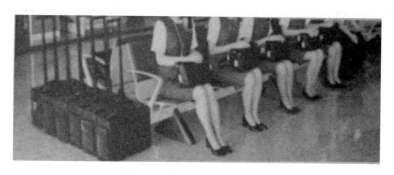

图 5-7 女乘务员的标准坐姿

体旅客表示礼仪上的欢迎或道别。

通过乘务员标准的站姿、耐心的引导、和蔼的目光、甜美的微笑、亲切的称呼、真诚的问候、谦诚的鞠躬,可以综合体现出乘务员的素质和修养,体现出航空公司对每位旅客的尊重与热情。通过严格的训练和培养,可以尽快掌握这些基本动作,塑造乘务员职业形象。

(一)迎送站姿

旅客登机与乘务员初次见面的第一印象十分重要,它将决定后续工作的定位和旅客对这家航空公司的评价。应当牢牢把握旅客的心理,从第一印象开始做起,树立起良好的航空公司形象和个人的形象。

当听到乘务长广播通知,旅客准备登机时,全体乘务员应立即行动起来,用最快的速度检查个人的着装和仪表仪容,各就各位,站在自己的岗位上等待旅客登机。

1 基本要求

自查仪容仪表。

(1)头发与发型。

头发应干净整齐、一丝不乱,发型应庄重规范。

(2)妆容。

女乘务员应面部洁净,口气清新、颈部、手部干净,指甲修剪得圆滑,皮肤细腻光润,化妆色彩与制服色泽合宜。

男乘务员应面部洁净,口气清新,不留鬓角、胡茬,鼻毛不外露,颈部、手部干净,指甲修剪的圆滑。

(3)制服。

制服应整洁、挺括、扣子齐全,制服及鞋袜搭配规范,整体和谐美观。

2 检查乘务员迎客的"站位"

站姿是人们生活交往中最基本的姿态。优美而优雅的站姿,是各种动态美的起点和基础。乘务员的站立要求自然、优雅、挺拔,展示良好体态。

规范的站姿在站立时要注意身体挺拔,肌肉应形成三种对抗力量,即髋部向上提、脚趾抓地;腹肌、臀肌保持一定的肌紧张,前后形成夹力;头顶上悬,肩向下沉。这三种肌肉力量相互制约,才能保持标准的站姿。如果没有悬顶感,人就沉下来了,缺乏力度;如果没有前后的夹力,腰就会松下来,出现挺腹或撅臀的现象;如果没有髋部和脚的对抗力,膝部就容易弯曲。因此,乘务员站立时要注意保持身体的这三种对抗力,缺一不可。

乘务长站在 L1 处,其他乘务员站在舱门内的指定位置,面对旅客呈 45°角,恭候旅客登机,如图 5-8 所示。

在客舱中,如果与旅客站立交谈,可以将左脚或右脚交替向后撤一步,但上身仍然保持挺直,后撤的脚不可伸得太远,双脚不可叉开过大,双脚变换不可过于频繁。

反之,如果双腿随意抖动,无精打采,将手放进口袋,呈现自由散漫的状态,就会被人认为不雅或失礼。

此外还应注意,如果身体倚靠墙壁、柱子或者桌子,会给人以懈怠、懒散的感觉。女乘务员的标准交谈式站姿如图 5-9 所示。

图 5-8　标准的迎客站姿

图 5-9　女乘务员的标准交谈站姿

(二) 微笑礼仪

微笑是一个很简单的动作,嘴唇微微牵动便可完成。在社会交往中,微笑是最经济的装饰品,几乎没有任何成本,却能获得别人的欣赏、喜欢。有时,它能够为我们的交往和工作锦上添花。然而,有时微笑却又十分珍贵,并非所有人都能轻松拥有。完美的微笑须发自内心,它会牵动眉宇、唇齿和面部肌肉,经由表情、语气和动作散发出来,容不得虚假和伪装。

真正的微笑是要与心情契合的,乘务员需要带着一颗善良、豁达、感恩的心,诚恳地欢迎旅客搭乘班机。

乘务员必须学会微笑,如图 5-10 所示。不会微笑的乘务员不是合格的乘务员。

图 5-10 微笑

1 展示微笑

微笑有五个最佳时机：初次见面时、有求他人时、为他人提供服务时、与对方四目相视时、即将分别时。微笑是一种奇妙的无声语言，会拉近心与心之间的距离。

(1) 一度微笑：和颜悦色的面容，眉宇舒展，目光明亮柔和，口角微微上翘，内心充满喜悦和自信。当旅客出现在眼前时，面部显露出发自内心的愉悦笑容，微笑要真诚。

(2) 二度微笑：甜美自然的面容，眼含笑意，口唇微启，是喜悦心情特有的流露方式。

(3) 三度微笑：阳光灿烂的笑容，开启嘴唇，微露皓齿，眉眼间洋溢着喜庆，绽放阳光般的笑容，内心充满幸福感。

2 基本要求

(1) 微笑要甜美，迎客时笑得美丽、自然大方、亲切友善。

(2) 微笑要适度，要有分寸，迎客时不可发出声音或毫无顾忌地张嘴大笑。

(3) 微笑要适时，注意对方和场合，要善解人意。

(4) 微笑要诚恳，迎客时，要发自内心地感谢对方搭乘班机。

(5) 微笑要纯洁，没有丝毫混杂的念头，只是映衬着内心的心情，是最简单的动作。

(6) 微笑要温暖，要从目光中流露，从内心流露，富有感染力。

3 微笑训练

1) 形体房微笑训练

(1) 面对镜子或两人面对面目光相视，调整好心境，从眼睛开始露出微笑，然后笑容慢慢延伸至整个脸部，使整个表情让人感觉轻松自然。

(2) 面对镜子，面部五官放松，然后开启嘴唇，嘴角向上，笑意自然从眼中流露。

(3) 可以口含筷子(见图 5-11)，露出 8 颗牙齿，在优美的音乐声中放松心境，找到绽放的感觉。先从坚持 5 分钟开始练习，逐渐到 10 分钟、20 分钟至半小时。

图 5-11 微笑训练

2）模拟舱迎客微笑训练

（1）当旅客已经出现时，乘务员以优美的站姿、高雅的仪态，与舱壁呈 45°角，正面对客，目视对方，面带微笑，向客人行 15°鞠躬礼。

（2）当旅客欲进舱门时，热情问候旅客："您好，欢迎乘坐本次航班。"同时亲切地要求："请出示登机牌。"如图 5-12 所示。

（3）双手接过旅客的登机牌，查阅后，双手奉还给旅客。

（4）以手势示意，并说："您的座位在×排×座，请往这边走，客舱内有乘务员会为您引导。"

当旅客需要帮助时，乘务员应主动热情地表示："我可以帮助您吗？"或引领旅客入座。

图 5-12 迎客微笑

（三）鞠躬礼仪

在一个人未开口之前，他的举止和姿态就是他的个人语言，虽然无声，但影响力却很大，如鞠躬行礼。

鞠躬,在日常生活中是一项不可缺少的礼仪,特别是在亚洲,中国、日本、朝鲜都广泛使用。鞠躬被视为一个人的态度,头低得越深,腰弯得程度越大,表示你的诚意越深,尊重的程度越高。航空公司要求乘务员在迎送旅客、自我介绍时,行鞠躬礼,以表示欢迎与尊重。这是职业的需要,乘务员应认真学习,并熟练掌握。

1 基本要求

(1) 旅客登机时、自我介绍时、道别再见时、表示歉意时,需要鞠躬。
(2) 行鞠躬礼时,动作要到位,需要停顿时要停顿,以示尊重。
(3) 面目表情自然放松,面带微笑,语言、目光要得体。
有如下三种鞠躬方式。
第一种:见面打招呼,用于旅客登机和道别(鞠躬时身体呈15°)。
第二种:敬礼,用于自我介绍,表示衷心感谢(鞠躬时身体呈30°)。
第三种:表示歉意,用于赔礼道歉(鞠躬时身体呈45°)。
鞠躬如图5-13所示。

图5-13　鞠躬

2 鞠躬训练

1) 女乘务员鞠躬
女乘务员在标准站姿的基础上,双手交叉,置于腹前,目光注视前方,恭候旅客登机。
(1) 一度鞠躬。
①旅客进入舱门时,先问候旅客:"您好,欢迎乘坐本次航班!"
②目光注视旅客,中腰前倾15°,后背、颈部挺直。
③面带微笑,目光略下垂,表示欢迎之意。
④礼毕起身,仍然面带微笑,目光礼貌地注视旅客。
(2) 二度鞠躬。
①准备鞠躬时,目光注视旅客,中腰前倾30°,后背、颈部挺直。
②面带微笑,目光注视前方1.5米的地面,表示谦恭之意。
③礼毕起身,仍然含有笑意,目光礼貌地注视旅客。
(3) 三度鞠躬。

①准备鞠躬时,目光注视旅客,中腰前倾45°,后背、颈部挺直。
②面带微笑,目光视前方1米地面,表示谦恭之意。
③礼毕起身,仍然含有笑意,目光礼貌地注视旅客。女乘务员的三度鞠躬,如图5-14所示。

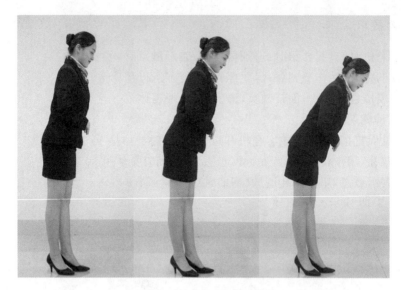

图 5-14　女乘务员的三度鞠躬

2)男乘务员鞠躬

男乘务员在标准站姿的基础上,双脚打开,与肩同宽,双手交叉半握拳,置腹前或背后,目光注视前方,恭候旅客登机。鞠躬时,按照垂臂式站姿,双脚并拢,双臂自然下垂,贴于身体两侧,拇指内收,虎口向前,手指向下行鞠躬礼。

(1)一度鞠躬。
①旅客进入舱门时,先向候旅客:"您好,欢迎乘坐本次航班!"
②双脚立正,双手放在身体两侧,虎口朝前,再行15°鞠躬礼。
③施礼时目光注视旅客,中腰前倾15°,后背、颈部挺直。
④面带微笑,目光略下垂,表示欢迎。
⑤礼毕起身,仍然面带微笑,目光礼貌地注视旅客,回到原姿态站好。

(2)二度鞠躬。
①准备鞠躬时,双脚立正,双手放在身体两侧,虎口朝前,再行30°鞠躬礼。
②目光注视旅客,中腰前倾30°,后背、颈部挺直。
③面带微笑,目光注视前方1.5米的地面,表示谦恭之意。
④礼毕起身,面部仍然含有笑意,目光礼貌地注视旅客,回到原姿态站好。

(3)三度鞠躬。
①准备鞠躬时,双脚立正,双手放在身体两侧,虎口朝前,再行45°鞠躬礼。
②目光注视旅客,中腰前倾45°,后背、颈部挺直。
③面带微笑,目光注视前方1.5米的地面,表示谦恭之意。
④礼毕起身,面部仍然含有笑意,目光礼貌地注视旅客,回到原姿态站好。男乘务员的三度鞠躬,如图5-15所示。

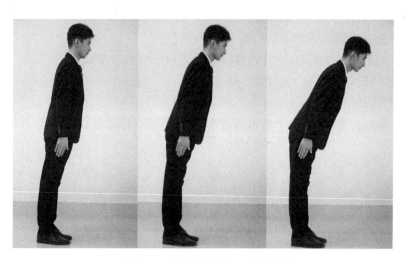

图 5-15 男乘务员的三度鞠躬

(四) 引导手势

手势是肢体语言的一种。手势除在人际沟通时辅助语言、表达一定的思想内容外,还能表现出说话者的高雅气质与风度。手势美是一种动态美,在工作和人际交往中,恰当地运用手势来辅助语言传情达意有时会产生意想不到的效果,为乘务员的交际形象增辉。

1 基本要求

(1) 动作舒展自然,需要配合面部表情,轻松的微笑及礼貌用语。
(2) 任何时候,手势都不要幅度过大或者速度过快,以轻巧明确为好。
(3) 引导旅客向前或入座等手势,示意时,要做到"手到、眼到、说到"方能有效。
(4) 进行安全检查时,左右手都应会规范示意表达。
(5) 节奏缓和、协调柔美、气质优雅。

2 引导手势训练

1) 女乘务员引导手势

女乘务员迎送客时的引导手势如图 5-16 所示。

(1) 在标准站姿基础上,面对旅客侧身 45°,"双手腹前握指式"站立。
(2) 抬起大臂与小臂呈 135°伸开,与身体成为一个夹角。
(3) 五指并拢伸直、手心向上与水平面呈 45°夹角。
(4) 身体略微前倾,另一只手臂自然下垂或置于腹前。

图 5-16 女乘务员迎送客时的引导手势

2）男乘务员引导手势

男乘务员迎送客时的引导手势如图5-17所示。

（1）在标准站姿的基础上，面对旅客侧身45°，双手交叉相握站立。

（2）抬起大臂，与小臂呈135°伸开，与身体成为一个夹角。

（3）五指并拢伸直、手心向上与水平面呈45°夹角。

（4）身体略微前倾，另一只手臂五指并拢，中指对准裤缝，拇指内收于手心，虎口向前或置于腹前。

图5-17 男乘务员迎客时的引导手势

三、客舱巡视的礼仪规范

客舱巡视是乘务员在工作中的一种常态，通过巡视客舱，乘务员可以及时发现问题并解决问题。客舱内旅客的年龄、身份、性别、职务、身体健康状况、喜好等各不相同，对于服务的需求也有较大差异。首先，乘务员在巡视客舱的过程中应帮助睡觉的旅客关闭阅读灯和通风孔，帮助老人和儿童旅客调节椅背和小桌板，盖上小毯子，给需要的旅客送一杯饮料等，通过微笑和每个细微的动作，体现细致周到而又个性化的服务。其次，乘务员巡视客舱可以及时保持客舱环境的干净整洁。在巡视客舱的同时，乘务员也会拿着托盘，随时收取旅客不需要的杯子、餐盒等，包括散落在客舱过道的一些报纸、纸巾等零散杂物，及时整理卫生间及补充用品，保持客舱舒适的环境和卫生间内的整洁。

当乘务员以优雅的气质、端庄的仪态、甜美的表情，面带微笑、步履轻盈地缓步走入客舱时，会给旅客带来安全、祥和、舒适、美好的感受。

(一) 基本要求

(1) 进行客舱巡视时,要给旅客带来美感、成熟与亲切感。
(2) 步伐要轻,步幅要稳,不能急促,切勿跑步。
(3) 夜航飞行时,脚步更需要轻、柔、慢,不能碰撞到熟睡的旅客。
(4) 两名乘务员在客舱里交汇时,先向对方点头示意,然后以背靠背的方式通过,手的姿态不变。

(二) 巡视客舱训练

乘务员巡视客舱如图 5-18 所示。

1 女乘务员巡视客舱

(1) 女乘务员在正确基本走姿的基础上,面带微笑,温和友善。
(2) 双手交叉相握于腰部,手腕略微上抬,双臂微收。
(3) 目光关注在左右两侧 1—5 排范围内,可以微笑或点头与旅客交流。
(4) 步幅长度以 30 厘米为宜,步伐轻盈。如图 5-18 所示。

图 5-18　乘务员客舱巡视走姿

2 男乘务员巡视客舱

(1) 男乘务员在正确基本走姿的基础上,双臂自然下垂。面带微笑,温和友善。
(2) 一只手放在身体的后部(适用于身体宽厚的男士,起到瘦身效果)。
(3) 目光关注在左右两侧 1—5 排范围内,可以微笑或点头与旅客交流。
(4) 步幅长度以 40 厘米为宜,步伐轻盈。

(三) 客舱交汇礼仪

客舱交汇是指两名乘务员在狭窄的客舱通道面对面相遇时需要错身通过的动作。
在客舱通道与他人交汇时,先向对方点头示意,然后以背靠背的方式通过,手的姿态不变,如图 5-19 所示。

图 5-19 乘务员交汇姿势

（四）目光礼仪

人们常说眼睛是心灵的窗户，它能表达出人们最细微、最精妙的内心情感。从一个人的眼睛中，往往能看到他的整个内心世界。一个良好的交际形象，目光应该是坦然、亲切、和蔼、有神的。特别是在与人交谈时，目光应该是注视对方，不应该躲闪或游移不定。在整个谈话过程中，目光与对方接触累计应达到全部交谈时间的三分之二。

乘务员是与人打交道的职业，职业特点是通过乘务员的语言、目光、微笑和仪态共同传递的，如果某一个环节没有做好、出了问题，就会适得其反，不仅会给航空公司形象带来负面影响，同时，个人形象也会受到损害，因此，乘务员在与旅客打交道时，不能忽略每一个细节，应做到尽善尽美。

1 基本要求

（1）服务过程中需要用积极健康、专注诚实、坚定友善的目光，以此来赢得旅客的信赖。

（2）避免左顾右盼、上下打量、挤眉弄眼或者逃避对方的目光。

（3）与旅客谈话时，目光一定要注视旅客，眼睛不要东张西望，不要心不在焉、玩弄手里的东西或者不停地看手表，这些是很不礼貌的行为。

（4）与异性交流时，应选择尊重、有礼貌的目光。

2 目光训练

（1）乘务员与乘务员面对面站立，练习敢于正视对方的目光而不游移，表情自然大方。

（2）相隔 1.5 米时，目光注视点在眉、眼与口部之间，即双眉至口唇的"小三角"区域。

（3）相隔 3 米以内时，目光注视点在肩部以上部位，即两肩至头顶的"大三角"区域。

（4）相隔距离 3 米以外时，目光注视点在整个身体，然后逐渐将视线集中在肩部以上。

3 目光的分类

（1）迎宾时的目光：迎宾时，3 米之内，目光真诚地注视对方，以示期盼。

（2）送客时的目光：送客时，目光向下，以示谦恭。

（3）会谈时的目光：会谈时，目光平视，表示自信、平等、友好。

（4）倾听时的目光：倾听时，目光专注，适时回应、交流。倾听时目光礼仪如图 5-20 所示。

（5）见面时的目光：见面时，凝视对方一般 1—2 秒，初次见面不超过 10 秒。

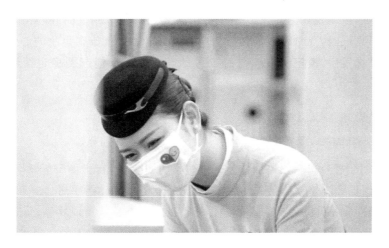

图 5-20　倾听时目光礼仪

4　忌讳目光

（1）与旅客交谈时，乘务员应该尽量把目光局限于上至对方的额头，下至对方上衣服的第二颗纽扣以上。对禁区、敏感区应该回避，否则会被认为非礼。

（2）服务中不可使用斜视、上下打量、轻蔑或挑衅的目光，否则容易引发对方不满。

（3）不可长时间盯着旅客的眼睛，不可咄咄逼人、自以为是、唯我独尊。

（4）不可使用躲躲闪闪的目光，否则会给人不自信、逃避为旅客解决问题的感觉。

四、客舱广播的礼仪规范

航班服务质量的好坏直接受客舱广播水平的高低的影响，同时它还影响着旅客对航空公司的整体评价。随着国内外航空公司客舱服务理念的提升、客舱服务产品的更新以及旅客期望值的提高，客舱广播服务作为衡量航空公司服务品质高低的重要参照，所以客舱广播的礼仪规范的重要性已不言而喻。

（一）客舱广播服务的重要性

（1）客舱广播服务是反映航空公司专业素质、服务能力、精神面貌等方面的直观窗口。流利的、清晰的、悦耳的客舱广播，不仅能准确传递信息，更能展现乘务员的服务素质，树立良好的服务形象，提升旅客对服务的认可度；反之，生疏的、刺耳的、生硬的广播会大大影响旅客对机上服务的满意程度。

（2）客舱广播服务是乘务员和旅客沟通的渠道与纽带。

客舱广播，最初的功能便是为旅客提供乘机相关信息，如机型介绍、服务设备介绍、飞行时间和距离、延误信息、航班取消、颠簸等。客舱广播服务既满足了旅客的知情权，体现了航空公司对旅客的重视与尊重，又能使旅客及时掌握信息，主动配合并协助乘务员做好航班运行相关工作。

（3）客舱广播服务是安抚情绪、拉近距离的有效手段。

正常情况下,生动悦耳的客舱广播能够让旅客拥有一份愉悦的好心情,产生宾至如归的感觉;当航班延误时,及时、亲切、诚恳的广播服务能够安抚旅客焦急的心情,获得旅客理解;一旦紧急情况发生,镇定、磁性、富感染力的客舱广播还能起到稳定情绪、凝聚力量的作用。

(二)乘务员的广播职责

乘务员必须经过公司专项培训并考核通过后方可上岗,其职责简单概括如下。
(1)在执行航班任务时,乘务员应携带公司下发的乘务广播手册。
(2)登机后,乘务员应测试广播器是否处于良好状态。若发现故障,及时汇报乘务长。
(3)正确使用、爱护广播设备。
(4)乘务员应根据公司规定的广播内容、顺序和航班运行情况,准确、适时地向旅客进行广播。

(三)客舱广播的礼仪规范

为了确保广播质量,乘务员在广播时应遵循以下要求。图5-21所示为乘务员广播状态。

图5-21 乘务员广播状态

1 基本要求

（1）广播员应当按照公司广播手册内容，落实各项广播。在特殊情况下，根据航班情况可临时组织广播词。

（2）广播时要求吐字清晰、音调柔和、速度适中。正常情况下，较为适宜的中文播音速度为每分钟200—220字，英文播音速度为每分钟120—150词。

（3）当长航线、夜航或大多数旅客休息时，应酌情减少广播内容或缩短广播时间。

（4）夜航时或头等舱、公务舱旅客休息时，在条件允许的情况下，可根据机型进行分舱广播，避免打扰旅客休息。

（5）航班延误时应及时广播，告知旅客相关信息。

（6）遇有颠簸应及时提醒旅客，必要时重复广播。

2 注意事项

1）控制语速

语速是指乘务员在广播时，旅客听觉对于广播内容的接受速度。客舱广播应采用标准语速。如广播语速过快，会让旅客听不清楚，无法理解广播内容；若广播语速过慢，会给旅客一种拖沓、生疏之感。节奏的快慢在实际广播中受多方面因素制约，如广播时的情绪、对广播内容的熟悉度等。

对于不同性质的广播内容，乘务员应该注意广播时的语气，做到声情并茂。让旅客切实感受到广播服务的内容和价值。

2）表达流利

表达流利是指广播时吐字清晰，发音标准，内容表达连贯通畅。广播时，乘务员借助客舱广播系统进行广播，与旅客之间并不是面对面的交流，无法借助手势、表情、肢体语言等辅助手段。因此，只有发准每一个字、词的读音，才能使旅客准确地接收广播中传递的信息。如果广播时乘务员吐字不清、发音不准、语言表达不连贯、语句不通顺，将会使旅客无法正确掌握广播内容，影响客舱广播的效果。

因此，乘务员应该有意识地强化广播基本功的训练，提高广播水平。例如：对广播录音带内的内容进行跟读，模仿播音员的标准发音或者练习绕口令来掌握咬字的准确性等，以增强语言表达的流利性。

3）及时准确

广播是一种从点到面单向传播的沟通方式，是一种快速传递信息的有效途径。所以为了达到广播效果，乘务员就必须确保广播的及时性和准确性。在航空运输过程中，旅客通过客舱广播获得航班运行相关信息，尤其在遇有航班延误等突发事件时，旅客最想了解的信息有：延误原因、目前状况、预计等待时间等。可见，如果能够及时准确地对上述信息进行传递和广播，不仅能够使旅客安排好自身行程，还能有效地安抚旅客情绪、取得旅客谅解，避免群体性事件发生；及时准确的客舱广播还有助于让旅客协助并配合乘务员工作，从而起到维护航班平稳有序运行的作用。例如：在飞行时，若遭遇气流，空中颠簸在所难免。此时，乘务员应立即进行广播，准确传递颠簸信息，普及安全防卫知识，在最短的时间内通知到所有旅客，提醒旅客注意安全，并根据要求做好安全防范措施。

4) 富有情感

广播质量不仅仅体现于语速、语音、语调,其实充满情感、富有人情味的广播才更容易被听众接受。客舱广播时,若语音缺乏感情、语调平淡,不仅会让人感觉不够亲切,失去聆听兴趣,而且会使旅客产生一定的排斥心理;相反,如果把握好广播时的情感,就能引起旅客注意,达到预期广播效果。

"熟能生巧",任何一段广播都应先做到对广播内容的绝对熟悉,即"熟读"。因为,只有熟悉广播词,才能游刃有余地驾驭广播内容,并在内容准确的基础上赋予广播词恰当的情感,从而真正地体现客舱广播的魅力。一个好的负责广播的乘务员不能仅仅停留在"朗诵"广播词,而要做到"脱口而出、声情并茂",这是每一个负责广播的乘务员追求的目标。

■ **行动指南**

(1) 客舱广播。

尊敬的女士们、先生们:

欢迎您乘坐_____航班,本次航班为_____航空公司和_____航空公司的代码共享航班。

我们的飞机已经离开_____前往_____(中途降落_____),由_____至_____的飞行距离是_____千米,飞行时间_____小时_____分,预计到达_____机场的时间是_____点_____分。

沿着这条航线,我们将飞经_____(省/自治区),经过的主要城市有_____,我们还将飞越——(河流、湖泊、山脉、海洋)。

在飞行全程中,可能会出现因气流变化引起的突然颠簸,我们特别提醒您,注意系好安全带。

旅途中,我们为您准备了早餐(午餐、晚餐、点心、小吃)及各种饮料。为了丰富您的旅途生活,我们还将为您播放机上的娱乐节目。如果您需要帮助,我们很乐意随时为您服务。祝您旅途愉快。谢谢!

Ladies and Gentlemen:

Welcome aboard! Our flight is _____. This is the code-share flight with _____ Airlines.

We have left _____ for _____ (via _____). The distance between _____ and _____ is _____ kilometers. Our flight will take _____ hours and _____ minutes. We expect to arrive at _____ airport at _____.

Along this route, we will be flying over the provinces of _____, passing the cities of _____, acrossing over the _____ (river, lake, mountain and ocean).

For your safety, we strongly recommend that you keep your seat belt fastened at all times when seated, as there may be unexpected turbulence in flight.

Breakfast(lunch, dinner, refreshments, snack) and beverages have been prepared for you. We will aslo show the in-flight entertainment programmes. If you need any service, please contact any one of us.

We wish you a pleasant journey. Thank you.

（2）安全演示。

氧气面罩	现在由乘务员向大家介绍氧气面罩、安全带的使用方法和紧急出口的位置。 Now we will explain the use of oxygen mask and seat belt as well as the location of the exits. 氧气面罩储藏在您的座椅上方。发生紧急情况时面罩会自动脱落。氧气面罩脱落后，请用力向下拉面罩，将面罩罩在口鼻处，把带子套在头上进行正常呼吸。 Your oxygen mask is stored in the overhead compartment. It will drop in front of you automatically when needed. If you see the mask, pull it toward you, mask it cover your nose and mouth and slip the elastic band over your head. Within a few seconds the oxygen flow will begin.
安全带	座位上安全带使用时请将连接片插入锁扣内，当飞机起飞、着陆和飞行中遇到颠簸以及"系好安全带"指示灯亮时，请您将安全带扣好系紧。解开时，先将锁扣打开，然后拉出连接片。 Please make sure that your seat belt is securely fastened during taxiing, take-off, landing and encountering air turbulence or whenever the fasten seat belt signs are in the ON position.
救生衣	救生衣储藏在您座椅下方/上方，使用时取出，经头部穿好，将带子扣好系紧，在客舱内请不要充气。当您到达机舱门口时，接下救生衣两侧的红色充气手柄；充气不足时，请将救生衣上部的两个人工充气管拉出，用嘴向里充气。在夜间撤离时请拨出救生衣上的电池销。 Your life vest is in the compartment under your seat/over your head. To put the vest on, slip it over your head, then fasten the buckles and pull the straps tight around your waist. Please do not press the inflation tab until your reach the cabin entrance. If your vest is not inflated enough, you can pull out the artificial gas-filled tubes and huff them with your mouth. Pull out the bolt of the battery once you leave the plane at night.
紧急出口	本架飞机共有_____个紧急出口，分别位于客舱的前部、中部和后部。 There are _____ emergency exits on this aircraft. They are located in the front, the middle and the rear of the cabin respectively. 在紧急情况下，客舱内所有的红色出口指示灯和白色通道指示灯会自动亮起，指引您从最近的出口撤离。 In case of an emergency, track lighting will illuminate to lead you to an exit. White lights lead to red lights which indicate the nearest exit.
安全须知	在您座椅前方的口袋里备有《安全须知》，请您尽早阅读。 For additional information, please review the safety instruction card in the seat pocket. 谢谢您的留意！ Now, please sit back and enjoy your flight. Thank you!

五、客舱（餐务）的服务礼仪规范

乘务员在客舱服务中使用蹲姿的场合很多，如下蹲拿取餐食，下蹲和老年人、无人陪伴的小旅客谈话交流，下蹲为旅客拾起掉在地板上的物品等，这些都是乘务员在工作中常见的动作。此举可以表达乘务员善解人意、平等待人、关怀他人的态度。

标准的蹲姿,应该在目光视线下有准备地下蹲,双腿最好保持一前一后,腰脊挺直,优雅蹲下。

(一)基本要求

(1) 不要突然下蹲。
(2) 不要与人过近。
(3) 不要失方位和距离。
(4) 不要毫无遮掩。
(5) 不要蹲在椅子上。
(6) 不要蹲着休息。

(二)下蹲训练

1 女乘务员蹲姿

(1) 站立姿态,呈前后步,上身垂直。
(2) 下蹲时顺势整理裙摆,膝盖放松蹲下。
(3) 两腿夹紧,高低式蹲姿(指两膝一高一低)。
(4) 一只手放在膝盖上,另一只手自然地放在两腿中间(起到遮盖保护的作用)。
女乘务员的蹲姿如图5-22(a)所示。

(a)　　　　　　　　　(b)

图 5-22　乘务员蹲姿

2 男乘务员蹲姿

(1) 站立姿态,呈前后步,上体垂直。
(2) 膝盖放松蹲下。
(3) 双膝略开,高低式蹲姿(指两膝一高一低)。
乘务员的蹲姿如图5-22(b)所示。

3 收取餐盘

乘务员在取餐车底部的餐盘时,应从站立姿态,面对餐车后退半步,蹲下后,双手从餐车底部抽取餐盘(见图5-23),起身,依次送出。

收回餐盘时,双手接过旅客的餐盘,从上往下依次摆放。

4 拾取物品

乘务员在蹲姿的基础上,应一手捡取物品,另一只手置于腿上,如图5-24所示。

图5-23 下蹲取餐盘

图5-24 下蹲拾物品

5 沟通蹲姿

乘务员为要客、老人或儿童服务时,应面对旅客呈45°角,采取弯腰或下蹲的姿态,如图5-25所示。

(三)安置行李的礼仪

乘务员每天在航班上帮助旅客安置和拿取行李,开启或关闭行李架,这本身既是一项服务,又是一项安全检查的重要环节。每当飞机起飞前、落地前,乘务员需要走进客舱,举

图 5-25　沟通蹲姿

起单臂或双臂逐一进行安全检查,确保每一个行李架万无一失。相信此时此刻,机上所有人的目光都会集中在该名乘务员身上,注视着乘务员的每一个细节,包括她的动作、神态、对此项工作认真负责的态度,同时欣赏着她美丽的外貌、舒展的仪态、甜美的微笑。

1　基本要求

(1) 身体面向行李架,手臂上举时姿态优雅。
(2) 受到身高限制时,可以踮起脚后跟来增加身高。
(3) 为旅客放置和提取行李时,身体面向行李架,双臂上举。
(4) 进行客舱安全检查时,可采用左或右单臂侧身检查行李架。

2　仪态训练

(1) 两个人为一组,进入模拟舱。
(2) 以安全检查形式为场景,做单臂向上举起的操作练习。
(3) 模拟训练为旅客安置行李物品,双手举起操作,保持动作优雅、不失态。
(4) 训练轻轻开启或关闭行李架,体验其力度。

3　注意事项

(1) 手臂上举时,乘务员要注意衣服的下摆,避免露出腹部。
(2) 打开或关闭行李架时动作要轻,不能用力过猛,避免惊吓旅客,如图 5-26 所示。

图 5-26　安置行李

 任务二　民航地面服务礼仪

每天从清晨开始,就有上千名民航服务人员忙碌在候机楼的不同岗位上,用他们的辛勤劳动和娴熟的服务技能,为每架飞机正点起飞和平安到达做着保驾护航的工作。

在外人的眼里,分不清候机楼里都有哪些工种,每个人的具体分工是做什么的,但凭着直觉,凭着民航制服和胸前挂的牌子,可以明确地知道面前是一名候机楼的工作人员。

为了便于旅客识别,突显岗位的不同,候机楼人员的职业服装在设计上做足了鲜明的特征,以此来划分工作的种类。所以说,民航候机楼服务人员所穿的职业装,除了美化个人形象表现出着装者的个性和气质,还代表了职业特点、工作态度及对待工作认真负责的精神,更体现了航空公司对外的整体形象。

所以,无论民航地面服务的哪一个工种,都设有一整套行业规范和服务标准,点点滴滴渗透着民航服务理念和礼仪形象。通过对民航地面服务礼仪的学习,将有助于提高每一位民航服务人员的个人素质,提高航空公司对外的形象,提高民航服务水准和工作质量,更好地尊重旅客,为旅客提供优质的服务。

一、候机楼值机服务的礼仪规范

(一)基本要求

(1) 按照岗位着装规定,冬夏季服装不可以混穿,更不可以不穿制服。
(2) 衣服干净整齐、无破损、无异味、扣子无丢失。
(3) 袜子无破损、皮鞋干净光亮。

（4）按照职业发型梳理，不可梳奇特发型、漂染怪异发色。

（5）要求化淡妆上岗，不可素面朝天。

（6）按规定佩戴工作证、工作牌、丝巾、领带。

（二）着装仪表规范

（1）制服组扣要整齐扣好，不可衣冠不整或敞胸露怀。

（2）穿裙装时，袜子按照规定统一穿长筒丝袜，不可不穿或穿短袜。

（3）穿公司统一配发的黑色皮鞋，不可穿凉鞋或其他。

（4）统一使用公司配发的丝巾和领带，不可佩戴其他颜色或带有个性化色彩的装饰。

（5）工作期间，工作证始终挂在胸前，正面朝外，随时接受社会的监督和检查。

（6）工作牌统一佩戴在制服左侧上方，口袋边缘处。

（7）长发统一盘起，系于头后，高度位于两耳上缘中间，前面无碎发。

（8）做到干净整齐，一丝不乱，统一使用配发的发网、发卡，不可有其他饰物。

（9）短发干净利索，前不遮眉，侧不遮耳，后不遮领，保持发泽健康、光亮。

（10）不可浓妆艳抹，妆容怪异奇特，口红应根据制服领色配套选择，以自然美观、庄重典雅为宜。

民航地面服务人员制服着装规范、发型、工作证件、服务牌、领带、丝巾、肩章、袜子、皮鞋、饰品佩戴、化妆、仪态等的规定与空勤人员的基本相同。

（三）值机服务的礼仪规范

值机柜台的后面通常有航空公司的地勤人员，他们是旅客到达机场后接触到的第一批机场工作人员，穿着统一的制服，梳着标准的发髻，每天为成千上万名乘客办理登机手续。

值机柜台人员只能为每人平均服务两分钟，通常以"您好，请问您到哪里？"开始，核对身份证。打印登机牌，安排行李托运，最后以递交打印好的登机牌结束，大多数值机柜台人员还会把登机口和登机时间用笔圈出来，以示提醒。

无论工作有多忙，航空公司都要求每位员工始终保持良好的仪容仪表。上岗前，要求值机柜台人员认真仔细地检查个人的仪容仪表及着装，包括女士的妆容、发型、丝巾、头花、刘海等，以及工作证的佩戴是否符合要求，并调整好心态，为旅客提供亲切而周到的服务，让每一位旅客感受到温馨，并留下美好的印象。

1. 基本要求

（1）见到旅客要首先主动打招呼，使用敬语，然后开始办理值机手续。

（2）主动询问旅客航班号、身份证号、姓名。

（3）主动征求旅客的意见，尽量满足旅客选择座位的要求。

（4）耐心听取旅客提出的各类问题，热心帮助解决疑难问题。

（5）积极为旅客办理登机手续，不拖延，争取娴熟、精准地在30秒至1分钟内完成。

（6）双手递接证件、行程单、客票等物品时，应正面朝上，以字体正面对着旅客，并交于旅客手中，保持面带微笑或与旅客目光交流。

② 值机标准用语

（1）您好，请问您到哪里？
（2）请出示您的有效证件，谢谢！
（3）先生（女士），今天是您的生日，祝您生日快乐！
（4）请问您对座位有什么需求？
（5）请问您是否有托运行李？共有几件？到哪里？
（6）请问行李中是否有易碎/贵重/危险品？
（7）根据航空公司的规定，易碎物品托运是免责的，请在这里签字确认，谢谢。

二、候机楼问询服务的礼仪规范

航空公司在机场和大厅最醒目的地带通常会设立多个问询台，柜台中央树立一块高达3米多的立体牌子，在上面明显标有一个巨大的问号，无论从什么方位，都可以清晰地看到这个标识，便于旅客寻找。

问询台的工作人员是航空公司的对外形象大使，这个岗位是为旅客快速解决疑难问题、引导旅客顺利登机而设立的，是航空公司对外承诺"旅客至上，打造细致入微的服务"的一种体现，并且制定了相应的相关工作标准，要求所有问询台的工作人员必须注重个人着装仪表，必须使用敬语、礼貌用语。回答旅客问询时要求严格推行首问负责制，当旅客问询时，第一名工作人员必须直接回答旅客的问询，或协助引导旅客找到相应的解决部门，使旅客的问题得到及时的解决，要求服务人员不允许说"我不知道""我不清楚"，以此树立良好的航空公司职业形象。

礼貌回答旅客问询，是民航服务人员在回答问询中所表现的礼仪行为。在完成这项工作的时候，应注意以下几点。

① 基本要求

（1）应答旅客询问时要站立答话，不能靠在椅背上，而且精神要集中，全神贯注地聆听，目光不能游移，不能心不在焉，不能说话有气无力，不能不爱搭理。必要时要边听边做记录，便于问题及时解决。

（2）应答旅客提问或征询有关事项时，语言应简洁、准确、语气婉转、音量适中，不能偏离主题，不能声音过大，不能词不达意。

（3）如果旅客口齿不清，语速过快时，可以委婉地请旅客重复，不能听之任之，凭着猜想随意回答。

（4）回答旅客的提问时应从容不迫，按先来后到的次序，分轻重缓急，一一回答，不能只顾一位旅客，忽略了其他旅客的存在。

（5）对于旅客提出的无理要求，需要沉住气，婉言拒绝，或巧妙回答"可能不会的""很抱歉，我实在不能满足您的这种要求"，要做到有修养、有风度、不失礼。

（6）对于旅客的批评指责，如果确实我们有不当或失职，应首先向旅客赔礼道歉，对旅客的关注表示感谢，立即报告或妥善处理。

（7）如果遇到有旅客提出的问题超出了自己的权限，应及时请示有关部门，禁止说一些否定句。

2 回答旅客问询的技巧

（1）记住旅客的姓名。适当地用姓氏称呼旅客，可以创造一种融洽的关系，便于解决问题。

（2）恰当用词。与旅客沟通交谈、服务时，应使旅客感到舒服、轻松，此时不仅仅是简单的商品买卖关系，而是融入情感的服务与被服务关系。

（3）在回答旅客的问询时，民航服务人员的语调、声音、语气、音量、讲话的方式及内容，决定着旅客对其的评价。

（4）面目表情能代表你内心的情感。虽然嘴上不说，但是从民航服务人员的服务态度就能感受出来你是怎样的心态。

（5）目光接触。当民航服务人员与旅客的目光不约而遇时，不要回避，也不要紧盯，要用微笑向旅客表明诚意。与旅客讲话时，应放下手中的事情，眼睛面对旅客予以回应。

航班延误的原因有很多，如机械故障、机组工作时间超时、流量控制以及特殊天气等。这些情况有时解释得通，有时解释不通。随着旅客的维权意识逐渐提高，他们通常会要求马上起飞，否则要求赔偿。

处理飞机延误导致的纠纷，以及如何让旅客接受"无法马上起飞"的现实，已经成了地勤人员最苦恼、最重要的工作，它考验着每个人的礼仪修养和沟通技巧及处理问题的水平。

三、候机楼 VIP 旅客服务的礼仪规范

机场自从开放高端商务贵宾服务以来，一直以"至诚服务，至尊享受"的服务理念和"步步有礼，心心相悦"的服务标准为旅客提供方便快捷、舒适豪华、尊贵高雅的贵宾接待服务。航空公司不断提升服务品质，完善服务功能，打造品质卓越、功能完善、管理先进的贵宾服务，把贵宾服务品牌推向世界。

其实，为高端旅客服务早已是航空公司持续多年的服务项目。在中国民航局的要求下，几乎所有的航空公司、机场，都设有贵宾接待区、头等舱、公务舱接待室以及商务服务区，还有专为高端旅客、商务贵宾提供高品质的接机、送机、候机、值机服务的专业机构，实行空中、地面一条龙的服务。凡从事贵宾服务的工作人员，应具备综合文化素养，除认真负责的工作态度、娴熟的服务技能、良好的沟通能力和待人接物的能力以外，良好的礼貌礼节修养、规范的仪表仪容也是十分重要的。在人员选拔条件上，其各方面的要求要高于普通服务员，需接受严格的培训，经考试合格后持证上岗。

（一）环境礼仪

（1）提前将商务贵宾休息室整理得典雅舒适，当旅客被引入贵宾休息室时，应当使旅客一进入贵宾室，就能感受到宽敞、幽静得如同"桃源圣地"休息环境。

（2）休息室内应准备好茶水、矿泉水、碳酸饮料、速溶咖啡、小食品。

（3）开启网络、航班信息大屏幕，让贵宾随时尽享尊崇的服务。

（二）迎送礼仪

（1）为贵宾开辟金色通道，让其缓步通过贵宾通道前往登机，或者乘坐 VIP 专用车到达飞机云梯登机。

（2）接机服务员提前安排贵宾车辆在飞机下恭候。

（3）主动为贵宾打开车门，协助上下车，提拿行李。

（4）热情称呼，主动问候，礼貌道别。

（5）国内航班到达后，贵宾从地坪云梯走下飞机，由地面服务员引导，乘坐 VIP 专用车前往贵宾室休息。国际航班贵宾到达后，服务人员在廊桥口迎接，协助办理手续后，用专用车辆把贵宾送到贵宾室与接机人会面。

（6）全程陪同，全方位服务，使贵宾从心里得到非同一般的自尊和享受。

（三）贵宾室服务礼仪

（1）服务人员按照规范标准站立在贵宾室门口，面带微笑，鞠躬行礼呈30°，并使用敬语，如"您好，欢迎您"或"再见！请拿好您的全部手提行李，希望再次见到您"等，举起右手或左手示意，引导进入或乘车离开。

（2）自我介绍，表达愿意为贵宾服务的愿望。

（3）引导贵宾进入时，把右侧让给贵宾，自己站在左侧，不走中间，不从贵宾中间穿行。

（4）到门口时，主动开门让贵宾先行。

（5）迎客时服务人员走在前面，送客时服务人员走在后面。

（6）上楼时贵宾在前，下楼时贵宾在后。

（7）提供小毛巾。

（8）介绍饮料，适时提供添加服务。

（9）主动介绍免费自助餐的种类。

（10）协助办理填写申报单、办理行李托运、换取登机牌等，用贴心的服务和舒适的等待来替代贵宾的自行奔波。

（11）服务人员应让贵宾及时掌握航班动态，安心等待提醒。

（12）服务人员应当步态轻盈稳重、态度和蔼可亲、表情温柔甜美、神情成熟自信、行动快速敏捷、举止优雅大方。

四、值机台服务异议处理的礼仪规范

航班延误、取消、中断、推迟等不正常情况，都有可能对民航地面服务造成巨大的工作压力。旅客情绪激动时，作为值机台服务人员，必须正确使用服务用语，做到耐心倾听，将心比心，安抚好旅客情绪，避免不良事态的进一步扩大。

（一）礼貌用语

1 称呼语

民航服务工作中，从业人员应对旅客使用礼貌、恰当的称谓，这既表示对旅客的尊重和友好，也能彰显自身的礼仪修养和职业素养。

称呼旅客，应用"您"，而不能用"你"。这是最基本的要求。在对客服务中，"先生""女士"是常用的称呼方式。此外，一些日常称呼，如称呼年长的旅客为"叔叔""阿姨"等，可以拉近与旅客的距离，但是需要慎重使用。

2 问候语

问候语，又称见面语、招呼语，它是民航服务人员接待旅客时，向对方表示欢迎和友好的重要交际语。应根据时间、场合、对象的不同加以选择。在旅客服务中常用的问候语有"您好""很高兴见到您""欢迎您乘坐本次航班"等，如果民航服务人员希望问候时不那么单调，可以根据实际情况进行调整。

3 征询语

征询语是在服务工作中，需要了解旅客的要求时，或者要征求旅客意见时使用的礼貌用语。以商量、委婉而非命令式的语气与旅客进行沟通和交流，将选择的主动权交给旅客，可以在工作中得到对方更多的配合和协助。

经常使用的征询语有主动表示为旅客提供服务的"您需要什么帮助吗""我能为您做什么呢"也有询问旅客意见的"您觉得这样可以吗""您需要喝点什么""您需要……还是……"等。

4 应答语

应答语是民航服务人员回答旅客询问时的礼貌用语。对旅客的问题要仔细倾听并在第一时间回应，对旅客提出的合理要求不能随意拒绝，更不能对旅客置之不理。

服务中常见的应答语有"是的，好的""很高兴能为您服务""好的，明白了！请放心""好的，马上就来""好的，我听清楚了"等。

5 请托语

请托语是向旅客提出某种要求或请求时使用的礼貌语言。民航服务人员在工作中如果需要旅客配合完成相关行动，一定要"请"字当先，而且态度语气要诚恳，如"先生，请一直往前走""女士，请调直座椅靠背"。常用的请托语还有"劳驾""借光""麻烦您"等。

6 致谢语

在服务工作中，民航服务人员得到旅客的帮助或配合时，要向对方表示感谢，因此，"谢谢"应时常挂在嘴边。其他常见的致谢语还有"感谢您的配合""谢谢您的夸奖""感谢您提出的宝贵建议"等。有时为了强化感谢之意，可以使用"十分感谢""万分感谢"等。

7 致歉语

当服务工作中出现差错或失误时,一定要诚心诚意表示歉意,当不能满足旅客的要求或对方还不能完全理解相关规定时,一句"对不起"不仅能表示对旅客的尊重,还能在第一时间缓解旅客的情绪。常见的致歉语有"对不起,是我们没有做好""对不起,给您带来了不便,还请您多谅解"。致歉语中还有一类是提醒式的,它是服务语言的重要组成部分,比如,当需要提醒旅客注意某项服务时,可以说"不好意思,打搅您了"或"抱歉,让您久等了"。

8 告别语

告别语和问候语相辅相成,同样重要。使用告别语时,一般会在眼神、肢体动作上加以配合,如眼神目送、鞠躬、点头、挥手等。

常用的告别语有"再见""请您慢走""期待您的下次光临""祝您旅途愉快""一路平安"等。

（二）行为规范

民航服务人员应保持良好风度,待人以礼,谈吐得体,与旅客沟通时态度专注,保持目光接触,尽可能尊称旅客的姓氏。切记,在旅客面前不可有急躁或不耐烦的表现,不可在旅客附近大笑、叫喊或耳语密谈。

悦耳的声音有神奇的魅力;相反,刺耳的声音会令人生恶。训练悦耳的声音需要在讲话时尽量做到以下几点。

（1）音量低沉而有力度,不能太尖、太响。

（2）清晰易懂,发音准确。

（3）语速平稳,不快不慢,声音要散发热情,不要带有疲劳和沮丧。

（4）避免地方口音,不能口音过重而使人听不懂。

与旅客交谈时需注意以下几点。

（1）了解客户的需求、意图。

（2）明确我们服务的目的、意义。

（3）有随机应变的能力。

（4）具有一定的心理承受能力和柔性。

（5）坦诚相待,礼貌先行。

（三）换位思考

换位思考是指一个人在与人沟通时,转到对方的立场来思考问题的一种方式。人们的人生观、价值观各不相同,性格、气质迥异,文化背景和人生经历也大相径庭,因此,对待同样一个问题,人们的立场和观点不同是正常的,由此也容易引发在沟通交流中的一些争论。换位思考可以让人们摆脱"以自我为中心",更加客观地看待身边的人和事;在语言运用上体现对对方的关心和尊重,将心比心,把问题从为对方着想的角度表达出来,避免引起误会和争辩,达到沟通双赢。

在值机台服务异议处理过程中,乘务员的换位思考会让旅客感到温暖、舒心,更有助于有效地解决问题。

(四)善于倾听

从人际沟通的角度来说,倾听不是单纯的听,而是解读别人所说信息的过程。学会倾听能赢得别人的好感和尊重,卡耐基曾说过,专心听别人讲话是我们所能给予别人的最大的赞赏。不管对亲戚、对同事、对朋友,倾听都具有同样的功效。倾听作为一门艺术也有技巧。在值机台处理异议过程中,民航服务人员要善于倾听旅客的投诉与抱怨,让其宣泄情绪,化解异议。

1 保持专注

交谈时,倾听者要集中注意力,全神贯注地听,不做无关的事情和动作。倾听者身体姿态语言的运用,能够传递出专注、认真倾听的信号。倾听时,上身保持前倾,露出耳朵,与说话者保持眼神的交流。

2 及时回应

沟通交流中的回应,包括情感呼应和语言呼应。倾听者应换位思考,设身处地地站在对方立场思考问题,随着对方情感变化而变换,这样有助于营造谈话的良好气氛,做一名受欢迎的谈话对象。

3 耐心有礼

倾听别人时不应该出现打哈欠、看时间、玩手机、抖脚等不耐烦的举动。倾听时,不能随便打岔或未听清楚缘由就妄加评论和随意表态,要遵循谈话的礼仪礼节。

■ 知识拓展

服务人员九点"要"

(1)嘴巴要甜一点。
(2)脑筋要活一点。
(3)行动要快一点。
(4)效率要高一点。
(5)做事要多一点。
(6)理由要多一点。
(7)肚量要大一点。
(8)脾气要小一点。
(9)说话要轻一点。

项目训练

候机楼问询礼仪训练

以乘务组为单位,一组准备问题提问,一组练习回答。

(1) 遇到旅客要先开口、"请"字当头、"谢"字不离口。

(2) 与旅客说话时保持1米左右距离,全神贯注,用心倾听。目光看着旅客,不要打断旅客。对没有听清楚的地方,礼貌地请旅客复述一遍。

(3) 对旅客的问询应圆满回答,对不知道的事情,应查找有关资料或请示领导再做答复。

项目六　航空外事礼仪

 项目目标

知识目标

了解世界各国家、民族、宗教的风俗习惯，掌握各国家风俗与礼仪，熟悉不同风土人情的特点。

了解中外主要节日及礼仪，掌握世界各国具有代表性的节日和礼仪，熟悉不同节日的特点。

了解世界各国色彩、数字和花木的礼仪寓意，能在合适的时机恰当地运用。

能力目标

学生通过对各国各地风俗礼仪的基本知识的学习，培养外事礼仪的意识，做到既维护自身形象又尊重他人习惯。

素质目标

增强自身文化修养，掌握不同风俗礼仪规范要求。

知识框架

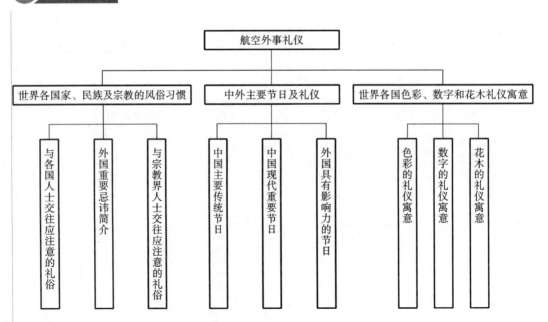

 **项目引入**

在接待来自世界各地的不同语言、文化背景和风俗习惯的旅客时,得体地运用涉外礼仪开展服务,将直接影响服务质量的优劣,也会影响到旅客的满意度。

我们来看这样两个场景:

一对美国老夫妇,被乘务员认出是本航班的 VIP 旅客,乘务员主动问候微笑,并轻声称呼出老先生的名字,让这位先生大为惊喜!之后,乘务员又用英文简短交流,迅速拉近了和旅客间的距离。这些细节都让作客他乡的陌生感顿时消失,旅客显得格外高兴。

机场餐厅里,几位泰国客人随行带着小朋友,找了个比较安静的位置。刚入座,一位服务人员就热情地开始为他们服务。客人们点单中,服务员满脸微笑,看到可爱的小朋友就拍拍头表示友好,几位客人皱起眉头,表示不悦。服务人员并没有意识到,仍然忙前忙后的介绍和推荐菜品。客人已经面露难色,很是勉强,显然是被服务员的"热情服务"打扰了。

○ **问题思考:**

同样的热情服务却给客人带来大相径庭的感受,这是为什么呢?

任务一　世界各国家、民族及宗教的风俗习惯

当今,中国与世界互动频繁,民航服务人员在涉外交往中的形象具有超越个人的价值与意义。了解世界各国、各民族及各宗教的风俗习惯,能帮助民航服务人员减少国际交往中可能遇到的尴尬,让交流更愉悦,让服务更具魅力,让形象更国际化。

一、与各国人士交往应注意的礼俗

人是不能离开社会和群体的,人与人在长期的交往活动中,逐渐地产生了一些约定俗成的习惯,久而久之这些习惯成为人与人交际的规范,当这些交往习惯以文字的形式被记录并同时被人们自觉地遵守后,就逐渐成为人们交际交往的固定的礼仪。《礼记·曲礼》上明确记载了"入境问禁"的礼仪规范,以免禁忌的言行触犯当地人。《西方礼仪集萃》在开篇中这样写道:"表面上礼仪有无数的清规戒律,但其根本目的在于使世界成为一个充满生活乐趣的地方,使人变得平易近人。"因此,了解和遵守各自的风俗礼仪,不仅使人们的社会交往活动变得有序,有章可循,同时能使人与人之间的交往活动更有亲和力,也更有乐趣。

(一)认识外事礼仪

从礼仪的起源可以看出,礼仪是在人们的社会活动中,为了维护一种稳定的秩序,为了保持一种交际的和谐而应运产生的。一直到今天,礼仪依然体现着这种本质特点与独特的

功能。

外事礼仪是国际文化交流的产物。礼仪是为维系和发展人际关系而产生,并随着人际关系和其他社会关系的发展变化而发展变化的。它不仅是社会交往的产物,也是国际文化交流的产物。外事礼仪,就是指在对外交往中所涉及的礼仪活动、各种礼节、仪式的规范化做法。

在我国改革开放以来,来华进行经贸洽谈、文化交流、观光游览的来宾不断增多,外事礼仪也就日显重要。一方面,涉外交往中必须掌握外事礼仪常识,遵守涉外工作准则和外事纪律,对外宾既要彬彬有礼,又要维护国家尊严。另一方面,要把握外事礼仪的特点。外事礼仪具有较高的政治性,与各国人士开展交流活动时要为我国的对外政策和国家利益服务。外事礼仪具有固定性与变通性,国际交往中的许多礼宾活动都有固定的仪式、礼节和国际惯例,同时各国又都有各自的风俗习惯、礼仪礼节,如遇到特殊情况,可作相应的变通和灵活的处理。

(二)外事礼仪的基本原则

1. 外事交往中重国格与人格

礼仪作为社会秩序的一部分而受到各国的广泛重视和提倡。参与涉外活动时,各国人士交往时往往会关注其自身形象维护的问题。这不仅是各国人士的个人形象,也是各国政府形象与民族形象的代表。在涉外交往中既要维护本国的利益、尊严,又要尊重他国的利益和尊严,国家不分贫富和大小,人不分种族和信仰,各民族、宗教、风俗习惯一律平等,以礼相待,不能厚此薄彼,不能做任何有损国体、有辱国格的事。

外事交往中一般会注意以下两点。

1)维护形象

维护形象包含维护自身形象和维护国家形象。

(1)维护自身形象。

与各国人士交往中要维护形象,首先应从维护好自身形象着手。其一,仪表堂堂,落落大方。在涉外场合,修饰仪表,检点举止,风度翩翩,给人留下良好的第一印象。其二,职业素养,训练有素。与各国人士交往应酬时,应得体地表现出自己较强的业务素养与良好的职业精神。

(2)维护国家形象。

在复杂的国际合作与竞争中,维护国家形象有着重要的意义。作为中华人民共和国的公民,在涉外交往中应自觉维护国家的形象。其一,个人形象影响着国家形象。中国的发展世界瞩目,中国的国际地位持续提高,中国以一个负责任的大国形象赢得了世界的尊重。一般一个国家的形象良好,其国民给人第一印象就会不错,受到外方人士的尊敬;国民给人印象良好,赢得外方人士尊重,其国家形象也会因此而提高。其二,国家形象比较抽象,但影响国家形象的因素却是具体的、细微的。如民航服务人员不应在公开场合议论国家的方针政策,自觉维护政府的各项方针政策;在服务过程中不应消极怠工,而应积极、主动、负责地工作等。

■ 知识关联

文明礼仪的故事——周恩来

周恩来享有很高的国际声誉，凡是与他接触过的人，无不被他的人格、智慧和风度所折服，周恩来是中华人民共和国第一任总理兼外交部长，他杰出的外交礼仪修养为全世界所倾倒。美国前总统尼克松说："周恩来的敏捷机智大大超过了我所知道的其他任何一位世界领袖，他待人谦虚且沉着坚定，他优雅的举止、直率而从容的姿态，都显示出巨大的魅力和泰然自若的风度，他从来不提高讲话的调门，不敲桌子，也不以中止谈判相威胁来迫使对方让步，他手里有'牌'，说话的声音反而更加柔和……"

美国前国务卿基辛格博士在回忆录中这样描述："他面容瘦削，略显憔悴，但神采奕奕，双目炯炯，他的目光既坚毅又安详，既谨慎又满怀信心，他身穿一套剪裁精致的灰色毛料服装，显得简单朴素，却甚为优美。他举止娴雅庄重，令人注目的不是他魁伟的身躯，而是他外弛内张的神情，钢铁般的自制力，就像是一根绞紧了弹簧一样。"

文明有礼体现了国家形象，也维护了国家形象。

2）不卑不亢

在与各国人士的涉外交往中，民航服务人员应当有意识地表现得从容不迫，堂堂正正，既充满自信，讲究自尊，又善待他人，尊重对方。准确地讲，就是要表现得不卑不亢。

所谓不卑不亢，实际上就是要注意表现自然，待人真诚，既不畏惧自卑，低三下四，也不狂妄自大，嚣张放肆。只有在涉外交往中表现得不卑不亢，才能真正地维护国格与人格。

具体而言，不卑不亢主要表现为尊重自己，尊重他人，即中国传统文化中的"尊己敬人"。

（1）尊己。

在涉外交往中，首先要以实际行动来尊重自己。以自尊、自爱、自信为基础，在外国人士面前表现得豁达开朗，乐观坦诚，从容不迫。既要谨慎，又不拘谨；既要主动，又不盲动；既要自我约束，又不手足无措、畏首畏尾。在任何情况下，民航服务人员都要坚持自立、自强，努力以本人的实际行动在各国人士面前充分地展现中华民族的精神风貌。

（2）敬人。

在涉外交往中坚持"尊己"的同时，还要注意尊重他人，即尊重一切平等对待自己的外国友人。从本质上来说，尊重他人，实际上就是在尊重自己。不尊重他人，往往难以真正做到尊重自己。在涉外交往中，尊重外国友人主要表现为以礼待人、平等待人、友善待人、尊重对方；要反对傲慢自大、盛气凌人、自以为是。

■ 案例分析

民航涉外活动中的礼仪

John夫妇带小孩乘坐航班到厦门旅游，飞行途中乘务员小夏给予他们较好的服务，

John夫妇对小夏赞赏有加。后来,小夏感觉累了,便在John夫妇座位后边的空位上坐下,她把鞋脱下揉脚,John夫妇看了顿时露出鄙视的神情。此过程中的乘务员有哪些地方做得不得体?

评析:

在民航涉外活动中,民航服务人员必须遵循维护国家形象的原则,注意仪容整洁、仪表大方,表情亲切、自然、言行举止符合礼仪规范,良好的职业素养、高尚的职业道德,时刻维护国家形象。

❷ 外事交往中遵从国际惯例

参与涉外活动时,有一些基本的国际惯例是依照遵循的。在涉外活动中遵守国际惯例,不仅是为了体现其自身的良好教养,而且也是为了使自己所参与的涉外活动得以顺利进行。

1) 热情有度

礼仪是施礼者与受礼者的情感互动过程。正如《礼记·曲礼》所云:"礼尚往来,往而不来非礼也;来而不往,亦非礼也。"与各国人士进行交际应酬时,要做到热情有度,即对待对方既要表现得热情友好,又要把握好热情友好的具体分寸。切勿使自己的热情友好超出了对方所能接受的界限,令对方感到不快,甚至平添了麻烦。把握好"热情有度"中的"度",体现在下列三个不同的方面。

(1) 交往有度。

许多国家的人认为"君子之交淡如水",不习惯与交往对象走动过多。在涉及钱财时,尤其讲究划清界限,即便家人、至交也概莫能外。这便是交往有度中的"度"。

(2) 关心有度。

外国人一般都不希望外人对其过于关心,否则便会视之为碍手碍脚,多管闲事。外国人所注重的"关心有度"之中的"度",实际上就是个人自由。一旦对对方的关心有碍其个人自由,即被视为"过度"之举。

(3) 批评有度。

各国习俗不同,对同一事物的判断便大相径庭,所以在涉外活动中没有必要对外国人的行为产生主观判断,更无需当面指出其对错。只要对方的所作所为不危及人身安全、不触犯法律、不有悖伦理道德、不有辱我方的国格人格,一般可任其自便。批评有度,简单地讲,就是不提倡对外国人"犯颜直谏",也不对其日常行为"过度干预"。

2) 尊重隐私

尊重隐私,实际是对上述"热情有度"顺理成章的推论。所谓尊重隐私,主要是提倡在国际交往中主动尊重每一位交往对象的个人隐私,不询问其个人秘密,不打探其不愿公开的私人事宜。目前,在国际社会里,尊重隐私被认为是在待人接物方面个人教养的基本标志。在涉外交往中,尊重隐私具体表现为人们在交谈中的下述"八不问"。

(1) 不问收入支出。

收入与支出问题实际上与个人的能力相关,并事关个人脸面。交谈时一旦涉及此点,便让交谈之人没有平等与尊严可言。

(2) 不问年龄大小。

在国际社会里,人们普遍将自己的年龄视"核心机密",并且讳言年老。西方女性特别讲究这一点。

(3) 不问恋爱婚姻。

谈论婚恋问题,在国外不仅被视为无聊,而且还有可能被视为成心令人难堪,或是对交谈对象进行"性骚扰"。

(4) 不问身体健康。

每个人的身体状况与健康状况,均为其立足于社会的重要"资本",所以轻易不会将实情告之于人。

(5) 不问家庭住址。

家庭被外国人看作私人领地,故对外绝不公开。即便私宅的电话号码,也通常不会对外界公开。

(6) 不问个人经历。

外国人主张"英雄莫问出处",反之则往往会被看作居心不良或缺少教养。

(7) 不问信仰政见。

在国际社会里,国与国、人与人之间都提倡"超意识形态合作",所以对交往对象的信仰、政见不应冒昧打探。

(8) 不问所忙何事。

所忙何事在外国人心中绝对属于个人自由,向其询问此点则会被视为没话找话。

■ 案例分析

事与愿违的夸赞

乘务员小王在飞机飞行过程中,看到一位82岁高龄的美国加州老太太填写的入境信息登记卡,了解到她是来华旅游并参加短期汉语学习班的,小王对老太太说:"您这么大年纪了,还到外国旅游、学习,可真不容易呀!"这话要让同样高龄的中国老太太听了,准会眉开眼笑,高兴一番。可是那位美国老太太一听,脸色即刻晴转多云,冷冷地应了一句:"噢,是吗?你认为老人出国旅游是奇怪的事情吗?"小王听后觉得十分尴尬。

评析:

小王的本意是表示礼貌尊重,效果却事与愿违,原因在于西方人对年龄、对"老"的忌讳,西方女性最不希望他人了解自己的年龄,所以有这样一种说法:一位真正的绅士,应当永远记住女士的生日,忘却女士的年龄。

3) 信守约定

信守约定是国际交往活动中重要的国际惯例之一,表达了人们对交往对象信誉的重视。通常情况下,人们在国际交往中,必须严肃而认真地遵守自己的所有正式承诺,说话必须算数,许诺必须兑现,约会必须如约而至,简言之,即"言必信,行必果"。在一切与时间有关的约定中,更要一丝不苟。唯其如此,方能取信于人。信守约定,主要应在两个方面予以重视。

(1) 慎重许诺。

在涉外交往中,所作出的所有正式承诺必须量力而行,切勿信口开河,草率许诺,也不要使承诺大而化之,模棱两可。

(2) 严守约定。

在涉外交往中,信用就是形象。在涉外交往中就一定要努力恪守约定,兑现承诺。

4) 女士优先

女士优先是国际社会里所通用的礼仪原则,即女士第一或女士先行的意思。它是指在所有公共场合,每一名有教养的成年男性都要积极主动地用实际行动去表示自己对女士的尊敬、关怀和照顾,并应想方设法在具体行动上为女士排忧解难。外国人普遍认为,一名男士如果不对"女士优先"身体力行,便是没有教养的粗汉莽夫。

在社交场合,女士优先原则主要应在下列方面得以表现。

(1) 尊重女士。

与女士交谈时,要使用尊称。涉及具体内容时,谈话亦不应令在场的女士难堪。排定礼仪序列时,应将女士列在男士之前。

(2) 照顾女士。

在涉外活动中男士均应细心地照顾女士:就座时,应请其选择上座;用餐时,应优先考虑其口味。

(3) 关心女士。

外出之际,男士要为女士携带重物。出入房间时,男士要为女士开门、关门。在女士面前,男士不允许吸烟。

(4) 保护女士。

在一切艰难、危险的条件下,男士均应竭尽其全力保护女士。通过危险路段时,男士走在前列。在马路上行走时,男士则行走于外侧。如遇危险之事,男士应主动承担。

值得注意的是女士优先原则主要流行于西方国家,如欧洲、北美以及俄罗斯等地,拉美、非洲的部分地区,也比较重视此项礼节。在上述国家、地区,如果男士对女士优先原则缺乏了解,在交际应酬中,就会显得另类。然而,在阿拉伯世界和南亚、东亚地区等,则崇尚本国、本民族的传统文化,在日常交往中,女士优先原则常见于涉外和上层社交场所。因此,在运用女士优先原则时也不可硬搬硬套。

■ 案例分析

登机服务中的小插曲

在登机服务中,新乘务员小贺,穿着一身剪裁得体的新制服,第一次站在乘务员的岗位上。这时小贺看到一位身高较高的外国女性旅客和两名男性旅客款款走来。小贺一步上前,以优雅姿态和职业性动作,先为男性旅客检票,并指引座位,礼貌亲切地问候,动作麻利规范、一气呵成,当他准备以同样的礼仪迎接那位女性旅客时,但那位女性旅客满脸不悦,这使小贺茫然不知所措。

评析:

尊重女士是一种社会公德。在西方国家流行着这样一句俗语:女士优先。在社交场合或公共场所,男士要充分尊重女士,女士优先。诸如:人们在上车时,总要让女士先行;下车

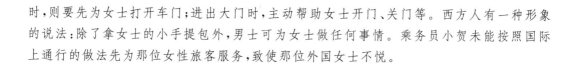

时,则要先为女士打开车门;进出大门时,主动帮助女士开门、关门等。西方人有一种形象的说法:除了拿女士的小手提包外,男士可为女士做任何事情。乘务员小贺未能按照国际上通行的做法先为那位女性旅客服务,致使那位外国女士不悦。

5) 以右为尊

按照国际惯例,我们在与外国友人商务往来、文化交流、社交应酬等活动中,在并排行走、站立、就座的时候,要遵循以右为尊的原则。

在欧美来讲,认为太阳是从东边升起,朝气蓬勃。东边按照他们的习俗就是右侧。而日落西山,所以西边是不吉利的。英文有一句俗话:"伸出吉利的那只脚!"实际上就是右脚。所以在西方国家,走路是要先伸右腿的。其实通过"Right"这个词的用法就可以知道西方文化对"右"的青睐了。"Right"除了可译为"右,右边"之外,另一常用的意思则为"适当的、对的、正确的"。

而我国古代的传统是以左为尊。按照《道德经》里的说法,即"吉事尚左",也就是以左为上,以右为下。但是,在国际交往中还是需要内外有别,应该遵守以右为尊的国际惯例。

3 外事礼仪中重依规依法

1) 依法办事

参与涉外活动时,要遵守有关的外事纪律。所谓外事纪律,主要是指我国涉外活动的参加者所必须遵守的约定俗成或明文规定的基本要求。

在外事接待工作中,要坚持维护国家主权和民族尊严,自觉遵守外事纪律,不得失密泄密;不利用工作之便营私牟利、索要礼品;不背着组织与外国机构及个人开展私人交往;不私自主张或答应外国客人提出的不合理要求;参加外事活动,要严格按规章制度办事。

2) 依规办事

"外事无小事,事事是大事",所以外事活动事关重大。在实际工作中,应坚决执行党和国家的方针政策,自觉遵守我国的法律法规,并如实向上级反映情况,做到"事事须请示",严格执行有关的请示、报告制度。

(三) 外事礼仪的总体要求

1 友好相处,互惠互利

涉外交往中应以宽阔的胸怀和包容的精神相处,双方在互利互惠的原则下进行相互合作与交流。互惠互利是人际关系的根基,人与人之间的相处如果没有做到"互惠互利",就不能建立和谐友好的人际关系。如当别人需要帮助的时候,适时地提供帮助,不限于金钱、物资,可以是知识,也可以是某种信息。古希腊哲学家德谟克利特曾说:即使很小的恩惠,如果实施得及时,对受惠的人也会产生很大的价值。最好的关系是互利互惠的关系,当你能提供给他人的帮助越多,往往就能获得他人更多的回馈。值得注意的是,在提供帮助的时候不要计算自己能够得到的回报有多少,即使由于条件所限而难以达成互利协议时,也不应采取欺诈、强制手段来谋取利益。

② 尊重各国的风俗习惯

不同的国家、民族,由于不同的历史、文化、宗教背景等因素,各有其特殊的风俗习惯和礼节,在外事交往中均应予以重视。在涉外交往中,要真正做到尊重交往对象,首先就必须了解和尊重对方所独有的风俗习惯,即了解对方在衣食住行、言谈举止、待人接物等方面所特有的讲究与禁忌。其次必须充分尊重交往对象所特有的种种习俗,既不能少见多怪、妄加非议,也不能以我为尊、我行我素。如第一次到一个国家或初次参加涉外活动时,应多了解,多留意,多观察,不懂或不会做的事,可观察后效仿别人。

■ 案例分析

一次民航涉外服务中的尴尬

刘文是某航空公司的乘务员,在一次飞行途中遇到一位穆斯林旅客Jack,当Jack在刘文的推车上买东西时,刘文极力向他推荐麻辣猪肉皮,讲它是如何美味、如何畅销的,但是Jack却越听越不高兴了,于是停止向刘文咨询购物。刘文感到有些疑惑。

请问,案例中的乘务员刘文哪些地方做得不好?

评析:

在民航涉外活动中,必须尊重各民族风俗习惯,了解与交往对象相关的习俗,尊重交往对象所特有的习俗,不能少见多怪、妄加非议,不能以我为尊、我行我素。乘务员刘文的行为触碰了穆斯林旅客Jack的禁忌,所以致使他不悦。因此,民航服务人员需要认真学习和掌握世界各国各民族的风俗习惯,才能在对客服务中照顾到不同民族、不同宗教信仰的旅客的物质和精神需要,赢得服务对象的好评。

③ 爱护环境,遵守公共秩序

在涉外交往的公共场合中,应注意保护环境,遵守公共秩序。

环境保护是我国的一项基本国策。1972年人类历史上第一个保护环境的全球性国际文件《人类环境宣言》颁布,反映了各个国家对保护和改善环境的共同呼吁,标志着国际环境法的诞生。之后确定了世界环境保护日为每年的6月5日,"保持地球生态平衡,就是保护人类自身"是各个国家的共识。在涉外交往场合中,要具备保护环境、爱护环境的意识,自觉地保护自然环境、保护动物、爱护公物;做到不乱堆乱挂私人物品;不乱扔乱丢废弃物品;不随地吐痰;不到处随意吸烟;不任意制造噪声。

遵守公共秩序,是尊重他人的基本礼节。不随意指责别人或给别人造成麻烦或不便。发表议论与指责别人会被认为缺乏教养。在图书馆、博物馆、医院、寺庙教堂等公共场所应保持安静。在隆重的场合,如举行仪式、听讲演、看演出等,要保持肃静。

④ 尊重老人和妇女

尊重老人和妇女,既是我国的传统美德,也是涉外交往中的必备品质。在上下楼梯、进出电梯、上下车辆时,应礼让老人和妇女,让其先行,必要时给予适当帮助;对同行的老人、

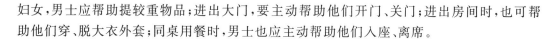

妇女,男士应帮助提较重物品;进出大门,要主动帮助他们开门、关门;进出房间时,也可帮助他们穿、脱大衣外套;同桌用餐时,男士也应主动帮助他们入座、离席。

5 注意个人卫生和举止言谈

国际交往中要注意个人卫生,讲究仪表与衣帽整洁,面、手、衣履洁净。男士的头发、胡须不宜过长,应修剪整齐。指甲要经常修剪,一般与指尖等长,不留污垢,保持手部清洁,若手部有疾症或疤痕可戴手套。衣着要整洁笔挺,不能有褶皱,纽扣均应整齐,裤扣不能在室外或公共场合整理。衬衣一般为白色硬领,袖与下摆不露出外套,并放入裤内。要按交际场所或交际需要着装。礼服、领带或领花应结好,佩戴端正,并备好洁净手绢与梳子。皮鞋应擦亮。不要在人前做剔牙、抠鼻、掏耳、剪指甲、搔痒等不雅的小动作。也不要在人前打哈欠、伸懒腰、打喷嚏、擦鼻涕、咳嗽,打喷嚏时应用手帕、餐巾纸捂口鼻,面向一旁,避免发出大声响。日常交谈时,保持一米左右的距离。

举止要落落大方,端庄稳重,表现自然,和蔼可亲,站有站相,坐有坐相。站、坐、走都要符合常规,任何失礼或不合礼仪的言行都会被视为有失体面。另外,参加活动前不能吃葱、蒜等带有刺激气味的食物,吸烟要注意场所及烟量。

言谈的态度要诚恳、自然、大方,语气要和蔼可亲,表达要得体,谈话内容要事先有所准备,应开门见山地说明来意后就进入正题,要留给别人说话的机会,言谈中手势不要过大,讲究倾听的艺术。不要询问女士的年龄、婚否、工资收入等私人生活方面的问题,不要随意谈论当事国的内政、外交、宗教等问题。随便与人攀谈是失礼行为,萍水相逢,应在有人介绍后才可交谈。

■ **行动指南**

涉外餐饮场合五种特殊情况的处理

1. 碰到主人进行感恩祷告怎么办?

有的主人会在进餐前进行感恩祷告,或坐或立,来宾应和主人一样。感恩祷告前,不要吃喝任何东西,安静地低着头。直到祷告结束,再把餐巾放在膝上,开始用餐。

2. 塞牙或异物入口时

如果你的牙缝里塞了蔬菜叶子或沙粒式的东西,不要在餐桌上用牙签剔,可以喝口水试试看;如果不行,可以去洗手间用力地漱口,也可以用牙签剔除。

如果遇到不好吃的食物或有异物入口时,必须注意不要引起一起吃饭的人的不快,但也不必勉强,可以用餐巾盖住嘴,赶紧吐到餐巾上,让服务员换块新的餐巾。当食物中有石子等异物时,可取出来,放在盘子的一旁。

即使有只虫子出现在你的沙拉里(这是展现你的勇气和风度的最佳时刻),也要心平气和地要求换掉,只要和主人或服务员使个眼色就行,不要大吵大闹,让所有人都知道以至于不敢吃了。

3. 吃了蒜或洋葱后怎么办?

吃饭的时候吃蒜或洋葱,不管是在家里、办公室还是聚会场所,都不会太受欢迎。可以采用以下几种解决的方法:

（1）用漱口水；

（2）嚼口香糖；

（3）用一片柠檬擦拭口腔内部和舌头；

（4）嚼几片茶叶或几颗咖啡豆。

4．在餐桌上弄洒了东西怎么办？

如果在餐桌上泼洒了东西，而且洒了很多的情况下，主人要叫服务员来清理弄脏的地方，如果不能清除干净，服务员会铺上一块新的餐巾，把脏东西盖住，然后再上下一道菜。如果在家里，只要用清洁用品清除就行了。

如果你的座位上沾了大量的污渍，可向主人要一块餐巾盖住弄脏的地方，同时向主人和其他客人表示歉意。如果你或你的家人弄坏了主人的东西，你应安排把弄坏的东西收在一起清理干净，或带回去修好它们，在主人方便的时候再送回去。

5．刀叉掉到地上怎么办？

用餐的时候，刀叉不小心掉到地上，如果弯下腰去捡，不仅姿势不雅观，而且会影响身边的人，也会弄脏手。可以示意服务生来处理并让其为你更换新的餐具。

二、外国重要忌讳简介

（一）东方国家

1 日本

日本以大和民族为主，居民多信奉神道教和佛教，少数信奉基督教等。

1）日常交往礼仪禁忌

日本是一个注重礼仪的国家。在日常生活中，人们互致问候，脱帽鞠躬，表示诚恳、可亲。初次见面，一般向对方鞠躬90°。如果是老朋友或比较熟悉的人就主动握手，甚至拥抱。遇到女宾，女方主动伸手才可以握手。如果需要谈话，应到休息室或房间交谈。日本人一般不用香烟待客，如果客人要吸烟，要先征得主人的同意。

日本人注意穿着打扮，平时穿着大方整洁。在正式场合一般穿礼服，男性大多穿成套的深色西服，女性穿和服。即使在天气炎热的时候，人们也不随便脱衣服，如果需要脱衣服，要先征得主人的同意。在一般场合，只穿背心或赤脚被认为是失礼的行为。

在日本，"先生"的称呼，只用来称呼教师、医生、年长者、上级或有特殊贡献的人，如果对一般人称"先生"，会让他们感到难堪。

和日本人谈论茶道，是非常受欢迎的。茶道是日本人用来修身养性、进行交际而特有的沏茶、品茗的高尚技艺，是一种讲究礼仪、陶冶情操的民间习俗，精于茶道会被认为是修养好的表现。他们喝茶不直接把茶叶放进茶杯，而是放到小巧玲珑的茶壶里。倒茶的时候，用一个小过滤网防止茶叶进入杯里，而且总以半杯为敬，一般不再续茶。

2）商务活动禁忌

日本人接待客人不是在办公室，而是在会议室、接待室，他们不会轻易领人进入办公机要部门。日本人没有互相敬烟的习惯。不管在家里还是在餐馆里,座位都有等级,一般听从主人的安排。日本商人比较重视建立长期的合作伙伴关系。他们在商务谈判中十分注意维护对方的面子,同时希望对方也这样做。赠送礼品时,日本人非常注重阶层或等级,因此不要给他们赠送太昂贵的礼品,以免他们误认为你的身份比他们高。

3) 数字、图案禁忌

日本人忌"9""4"等数字。赠送礼品的时候,不要赠数字为"9"的礼物,因为日语里"9"的读音和"苦"一样。"4"的发音和"死"相同,所以在安排食宿时,要避开4层楼、4号房间、4号餐桌等。日本商人还忌讳"2月""8月",因为这是营业淡季。日本人忌讳荷花,认为荷花是丧花。日本人不愿接受有菊花或菊花图案的东西或礼物,因为它是皇室家族的标志。日本人喜欢的图案是松、竹、梅、鸭子、乌龟等。

4) 餐饮禁忌

日本人用筷子很讲究,筷子都放在筷托上,有"忌八筷"的习俗,就是不能舔筷、迷筷(即拿着筷子在饭菜上晃来晃去)、移筷(即夹了一种菜又换夹另一种菜)、扭筷(即将筷子头反过去含在口里)、剔筷(即拿筷子当牙签)、插筷(即将筷子插在饭菜里,或拿筷子当叉子)、跨筷(即把筷子跨放在碗、盘之间)、掏筷(即用筷子在饭菜里扒来扒去)。同时,日本人还忌用同一双筷子让大家依次夹取食物。

2 韩国

韩国主体民族是朝鲜族,多信仰佛教。

1) 日常交往礼仪

韩国人讲究礼貌,辈分低的总是先向辈分高的行礼、致意、问候。

2) 商务活动礼仪

韩国人初次见面时,经常交换名片。很多韩国人养成了通报姓氏的习惯,并和"先生"等敬称联用。韩国人注重服饰,在正式场合男子穿西服、系领带。

3) 数字禁忌

韩国人对"4"非常反感。许多楼房的编号忌讳出现"4"字;医院、军队绝不用"4"字编号。韩国人在喝茶或喝酒的时候,主人总是以1、3、5、7为单位来敬酒、敬茶、布菜。

4) 餐饮禁忌

如果受邀去韩国人家里做客,按习惯要带一束鲜花或一份小礼物,用双手奉上。进到室内之前要脱鞋,要把鞋子脱掉留在门口。韩国人以米饭为主食,早餐也习惯吃米饭。在饭桌上,韩国人会先给家里的年长者盛饭,这表示可以开饭了。韩国人吃米饭、炖菜和汤时用勺子,吃其他饭菜用筷子。忌讳用筷子指人或戳食物。碗里不剩饭菜才是礼貌的。韩国人还对边吃饭边谈话非常反感。

3 新加坡

新加坡人以华裔居多,其国语为马来语,官方语言为英语、汉语、马来语和泰米尔语。

新加坡人十分讲究礼貌礼节,服务质量很高。新加坡华裔在礼仪方面和我国相似,还保留了中国古代传统,通常的见面礼节是鞠躬、握手。印裔仍保持印度的礼节和习俗,妇女额头上点着檀香红点,男人扎白色腰带,见面时合十致意。马来血统、巴基斯坦血统的人按伊斯兰教的礼节行事。新加坡华裔多信奉佛教,而且很虔诚,他们喜欢在室内诵经,诵经的时候不可以被打扰。

1）日常交往礼仪禁忌

在社交性的谈话中,切忌议论政治得失、种族摩擦、宗教是非和配偶情况等,但可交流旅行方面的经验,也可谈论所到过国家的各种见闻。较适宜的交谈话题是当地的风味食品、餐馆、受欢迎的旅游地区和主人一方的商业成就。

新加坡人认为接受礼物后在送礼人面前打开礼品的做法是不礼貌的,因此,当你送完礼物告辞时见到礼物仍原封不动地搁在一边,千万别见怪。

新加坡人吃印度餐和马来餐时一般用右手,忌讳用左手传递东西或食物,并且不要把筷子放在碗或装菜的盘子上,不用时,也不要交叉摆放,应放在托架、酱油碟或骨盘上。如与海员、渔夫或其他爱好划船者同席,不要把盘子里吃了一半的鱼翻转过来,因为那有翻船的意思,要从上面把鱼骨移开。

2）色彩、图案禁忌

新加坡人视红色为庄严、热烈、刺激、兴奋、勇敢和宽宏之象征,也喜欢蓝色和绿色。新加坡禁止在商品包装上使用如来佛的图像,也不准使用宗教用语。

3）行为禁忌

新加坡非常干净,游客必须随时保护环境,不能随地吐痰、随地丢垃圾;行人过马路必须走人行横道,不能翻越栏杆,如果被抓到就要受到法律严厉制裁。新加坡主张禁烟,除购物中心、餐馆和影院等装有空调系统的场所不允许吸烟外,地铁、公共巴士、出租车及电梯中也不得吸烟,违反规定的吸烟者会被罚款。他们忌讳用食指指人,或用紧握的拳头打在另一只张开的掌心上,或紧握拳头将拇指插入食指和中指之间,这些都被认为是极端无礼的行为。

4 泰国

泰国是一个佛教国家,在泰国有很多禁忌,主要与佛教信仰有关。

1）"佛忌"

泰国是名副其实的佛教国家,所以有很多"佛忌"。如"佛日"这天,全国各地都禁止杀生。在曼谷的大街小巷,随处可以见到黄袍僧侣,行人走近他们时,必须留心脚下,不能踩到他们的影子。如果路遇僧侣,则要闪在旁边,让他们先通过。泰国佛寺很多,观光游览时,绝对要衣冠整洁,不能袒胸露背,因为衣冠不整是对佛祖的不恭敬。不仅如此,进寺庙前必须脱掉鞋子,以免把不洁之物带进去,而且进门时也要注意,踏踩门槛也是不敬的表现。

2）"头忌"

泰国人非常重视头部,认为头颅是神圣的,所以不要随意触碰泰国人的头部,在公共场合,递东西也不能从别人的头上经过。

3）"足忌"

泰国人忌讳把脚伸到别人跟前,也不能把东西踢给别人,不然都是失礼。忌讳用脚踢门,就座时,忌讳跷腿。把鞋底对着别人,是一种侮辱性的举止。妇女就座时,双腿要靠拢,否则会被认为没有教养。

4）其他

泰国人待人接物有许多约定俗成的规矩。朋友相见时,双手合十,互致问候。晚辈向长辈行礼时,双手合十举过前额,长辈也要合十回礼。年纪大或地位高的人还礼时,双手不必高过前胸。行合十礼时双手举得越高,表示尊重程度越高。泰国人也行跪拜礼,但要在特定场合,平民、官员在拜见国王和王室亲属的时候行跪拜礼。从坐着的人面前走过时,要略微躬身,表示礼貌。在泰国,男女仍然遵守授受不亲的戒律。泰国至今仍流行着传统的"星期色"。泰国人忌讳用红笔签名,因为人死后才会用红笔把姓氏写在棺材上。

5 印度尼西亚

印度尼西亚素称"千岛之国",绝大多数居民信奉伊斯兰教,其余信奉基督教、印度教、佛教等。

1)日常交往礼仪禁忌

印尼人初次见面经常交换名片。由于多数印尼人信奉伊斯兰教,他们在拿东西或者向别人拿东西的时候,都要用右手而不用左手,也不用双手。左手是拿"不干净"的东西的。

印尼人喜欢客人到家中做客,但在印尼人家里,当你看到长相可爱的小孩,切忌摸小孩的头,因为他们认为这是非常没有教养的,而且是带有侮辱的行为。

如果拜访的印尼人家里铺着地毯,那么你在进屋前要把鞋脱掉。参观庙宇或清真寺,不能穿短裤、无袖服、背心或裸露的衣服,进入圣地特别是清真寺,一定要脱鞋。

2)商务和餐饮禁忌

拜访印尼商人时要带上礼物,收下礼物即意味着承担了某种责任。

印尼人大多数信奉伊斯兰教,所以不可以用左手拿东西给他们。印尼人忌讳吃猪肉食品,忌饮烈性酒。

6 印度

印度人大多信奉印度教,另一些人信仰伊斯兰教、基督教、锡克教等。在印度,月亮是一切美好事物的象征。

1)日常交往礼仪禁忌

在印度,主客见面时,都要用双手合十在胸前致意。晚辈在行礼的时候弯腰摸长辈的脚,表示对长辈的尊敬。男性不能和妇女握手。许多家庭妇女忌讳见陌生男性,不轻易和外人接触。

印度人有时也用摇头表示赞同。召唤某人的动作是将手掌向下摆手指,但不能只用一个指头;指人时也要用整个手掌,不能用一两个指头。

到印度庙宇或家庭做客,进门必须脱鞋。迎接贵客时,主人常献上花环,套在客人的颈上。花环的大小长度视客人的身份而定,献给贵宾的花环既粗又长,超过膝盖,给一般客人的花环仅到胸前。到印度家庭做客时,可以带水果和糖果作为礼物,或给主人的孩子们送点礼品。

2)餐饮等禁忌

印度人用右手拿食物、礼品和敬茶,不用左手,也不用双手。就餐的时候,印度教教徒最忌讳在同一个容器里取用食物,也不吃别人接触过的食物,甚至别人清洗过的茶杯,也要自己再洗一遍后才使用。

印度人喜欢分餐进食,主食以米饭为主,对面食中的饼类也感兴趣。信奉印度教和锡克教的人,忌讳吃猪肉、牛肉,他们一般不喝酒,因为喝酒是违反宗教规定的,但他们有喝茶的习惯。喝茶方式是"舔饮"。印度人忌讳吃牛肉,忌讳用牛皮制品;视杀蛇为触犯神灵。

(二)西方国家

1 美国

美国人多数是欧洲移民的后裔,超过一半的美国人信奉新教和天主教。

1)日常交往礼仪禁忌

美国人一般性情开朗、乐于交际、不拘礼节。他们第一次见面的时候,不一定行握手礼,有时只是笑一笑,说一声"Hi"或"Hello"就算有礼了。美国人握手的时候习惯握得紧,眼睛要正视对方,微躬身,他们认为这样才算是礼貌的举止;在告别的时候,也只是挥挥手或者说声"再见""明天见"。但如果别人向他们致礼,他们也会相应地回礼,比如握手、点头、拥抱、行注目礼等。在美国,被邀请去朋友家做客时,应该准备小礼物。

与美国人相处时,应保持适当的距离,他们认为个人空间不容侵犯。忌讳别人冲他伸舌头、盯视,不喜欢被人用食指指点,他们认为这些行为有污辱人之意。

2)商务活动禁忌

在美国,如果要登门拜访,必须先打电话约好;名片一般不送给别人,只是在双方想保持联系时才送;不能随心所欲抽烟,必须征得他人同意;商务谈判中避免谈论种族、宗教、性别、年龄和身体特征等话题;不明白的时候不要勉强自己微笑,他们把过谦视为虚伪的代名词,喜欢积极地发表看法,大胆地表达自己;主张女士优先。

3)颜色、数字等禁忌

美国人讨厌蝙蝠,认为它是吸血鬼和凶神的象征。忌讳数字"13"及"星期五"等。忌讳被询问个人收入和财产情况,忌讳问女性婚否、年龄,以及服饰价格等。

美国人喜爱白色,认为白色是纯洁的象征。他们喜欢白猫,认为白猫可以给人带来好运。美国人认为黑色是肃穆的象征,在丧葬仪式中常用黑色。

2 加拿大

加拿大主要是英法等国家移民的后裔,大部分信奉天主教和新教。

1)日常交往礼仪禁忌

加拿大人受欧洲移民的影响,他们的礼貌礼节包含着英、法、美三国人的综合特点。加拿大是著名的"枫叶之国",他们视枫叶为国宝,还把枫叶喻为友谊的象征。他们偏爱白雪,视白雪为吉祥的象征,常用筑雪墙、堆雪人等方式来助兴。

在日常生活中,加拿大人着装以欧式为主。参加社交活动时,他们往往要穿礼服或时装。在休闲场合则讲究自由穿着,只要自我感觉良好即可。握手被认为是一种友好的表示,一般在见面和临别时握一下就行,不必反复握手。

如果被邀请到加拿大人家中做客,明智的选择是给主人送鲜花。不要送白色的百合花,它们是与葬礼联系在一起的。加拿大人忌讳"13"和"星期五",认为"13"是厄运的数字,"星期五"是灾难的象征。

2)商务活动和餐饮禁忌

商务时间,加拿大人很注意个人仪表和卫生,他们一般要穿西服、套裙。因此,他们希望客人也能这样。

加拿大人对法式菜肴比较偏爱，日常食用面包、牛肉、鸡肉、土豆、西红柿等，以肉食为主，特别爱吃奶酪和黄油，喜爱煎、烤、炸等烹调方法制作的菜肴，忌讳吃各种动物内脏等。

3 澳大利亚

澳大利亚人主要是英国和其他欧洲国家移民的后裔，大多数居民信奉基督教，其余多信奉犹太教、佛教和伊斯兰教等。

1）日常交往礼仪禁忌

澳大利亚人办事认真爽快，喜欢直截了当，待人诚恳、热情，见面时喜欢热情握手，称呼名字。他们崇尚友善且谦逊礼让，主张女士优先，重视公共道德，组织纪律强，时间观念强，赴约准时并珍惜时间。女性相对保守，接触时要谨慎。做客时可以赠送葡萄酒或鲜花，忌送菊花。

澳大利亚的基督教徒有"周日做礼拜"的习惯。他们的这种做法"雷打不动"，所以要避免在这天和他们邀约。

澳大利亚人经常邀请友人一同外出游玩，他们认为这是建立密切关系的捷径之一。

2）餐饮禁忌

澳大利亚人的饮食习惯、口味和英国人差不多，喜欢清淡、不吃辣。家常菜有煎蛋、炒蛋、火腿、脆皮鸡、牛肉等，当地的名菜是野牛排。在澳大利亚，啤酒是最受欢迎的饮料，其中达尔文城的居民以喝啤酒闻名。

3）图案和数字禁忌

澳大利亚人忌讳兔子，他们认为兔子是一种不吉利的动物。他们喜欢袋鼠、琴鸟、金合欢花的图案。他们认为袋鼠是澳大利亚大陆最早的主人，金合欢为澳大利亚的国花。

澳大利亚人忌讳数字"13"，认为这个数字会给人带来不幸和灾难，举办重要活动时要避开这一天。

4 英国

英国人口中英格兰人占80%以上，其余是苏格兰人、威尔士人和爱尔兰人等。居民大部分信奉新教，只有少部分人信奉天主教。

1）日常交往礼仪禁忌

英国是绅士之国，英国人讲究文明礼貌，注重修养，同时也要求别人对自己有礼貌；注重衣着打扮，什么场合穿什么服饰都有一定惯例；见面时对尊长、上级和不熟悉的人用尊称，并在对方姓名前面加上职称、衔称或先生、女士、夫人、小姐等称呼，亲友和熟人之间常用昵称。初次相识的人会相互握手，并微笑着说"您好"。在大庭广众之下，人们一般不行拥抱礼，男女之间除热恋情侣外一般不手拉手走路。

英国人与人交往时常用"请""对不起""谢谢"等礼貌用语，即使家庭成员间也一样。需要注意的是，"英国人"原意是"英格兰人"，而接待的宾客，可能是英格兰人、威尔士人或北爱尔兰人，而"不列颠"这个称呼则能让所有的英国人都感到满意。

和英国人坐着谈话忌讳两腿张得过宽，更不能跷起二郎腿。如果站着谈话不能把手插入衣袋。忌讳当着他们的面耳语和拍打肩背，忌讳有人用手捂着嘴看着他们笑，认为这是嘲笑人的举止。

2）餐饮禁忌

英国人普遍喜爱喝茶，"下午茶"几乎成为英国人的一种必不可少的生活习惯，即使遇上开会，有的也要暂时休会而饮"下午茶"。不喝清茶，要在杯里倒入冷牛奶或放入鲜柠檬，再倒茶制成奶茶或柠檬茶，如果先倒茶后倒牛奶会被认为缺乏教养。英国人喜欢喝苏打水，饮酒偏爱威士忌，也爱喝葡萄酒和啤酒，彼此间不劝酒。

3）数字等禁忌

英国人忌讳"13"这个数字；忌讳送人百合花。

5 法国

法国以法兰西人为主，大多数居民信奉天主教。

1）日常交往礼仪禁忌

（1）服饰礼仪。

法国素有"时装王国"之称，巴黎更有"时装之都"的美誉。法国人讲究服饰美，特别是女性的穿着非常时尚，男性也格外注意穿戴，在外面总是衣冠规整，令人赏心悦目。

（2）仪态礼仪。

法国人谈吐文雅，热心诙谐，他们有耸肩表明快乐的习惯。他们在同人攀谈时，喜爱彼此站得近一些，认为这样显得亲热。法国人热情开朗，初次见面就能亲热交谈，而且滔滔不绝。但他们不触及粗鄙话题，对低俗的举止极为反感。

法国是世界上最早公开行亲吻礼的国家，也是使用亲吻礼频率最高的国家。和法国人约会必须事先约定时间，准时赴约是有礼貌的表现。送鲜花给法国人也是很好的表达心意的方式。

2）餐饮禁忌

法国的烹调世界闻名，用料讲究，花色品种繁多，口味特点香浓味原、鲜嫩味美、注重色、形和营养。在法国，如果饭菜还没尝就加调味品的话，厨师是会很不高兴的。而且，客人在吃饭前一定要关闭手机，以免就餐被打断。法国人一般在添酒时，才把杯子里的酒一饮而尽，否则会剩一些。

3）颜色、图案等禁忌

法国人忌讳黄色的花，认为是不忠诚的代表；忌讳黑桃图案，认为不吉祥。不送香水或化妆品给恋人、亲属之外的女性，因为他们认为这些象征着过分亲密。

6 德国

德国绝大多数都是德意志人，居民主要信奉新教和天主教。

1）日常交往礼仪禁忌

德国人纪律严明，讲究信誉，极端自尊，待人热情，十分注重感情，爱好音乐。

重视称呼是德国人在人际交往中的一个鲜明特点。对德国人称呼不当，通常会令对方大为不快。一般情况下，切勿直呼德国人的名字，最好带上对方头衔，或仅称其姓。和德国人交谈时，切勿疏忽对"您"与"你"这两种人称代词的使用。对于熟人、朋友、同龄者，方可以"你"相称。在德国，称"您"表示尊重，称"你"则表示地位平等、关系密切。

德国人注意衣着打扮,外出时候必须穿戴整齐、清洁;约会准时,时间观念强;待人热情、好客、态度诚实可靠;宴席上,男士坐在女士和地位高的人的左侧,女士离开和返回饭桌时,男士要站起来以示礼貌;请德国人进餐,事先必须安排好。

2) 餐饮禁忌

德国人最爱吃猪肉,其次是牛肉。以猪肉制成的各种香肠令德国人百吃不厌。如果同时喝啤酒和葡萄酒,要先喝啤酒,然后再喝葡萄酒,否则被视为有损健康。

7 意大利

意大利人大多信奉天主教。

1) 日常交往礼仪禁忌

在意大利,当着别人打喷嚏或咳嗽,被认为是不礼貌和讨嫌的行为,所以本人要马上对旁边的人表示"对不起"。

在意大利,女士受到尊重,特别是在各种社交场合,女士处处优先。

意大利人热情好客,待人接物彬彬有礼。在正式场合,穿着十分讲究。见面礼是握手或招手示意;对长者、有地位和不太熟悉的人,要称呼他的姓,加上"先生""太太""小姐"和荣誉称号;和意大利人谈话要注意分寸,一般谈论工作、新闻、足球,不要谈论政治。

2) 餐饮和花木禁忌

意大利人有早晨喝咖啡、吃烩水果、喝酸牛奶的习惯。酒是意大利人离不开的饮料,尤其是葡萄酒,不论男女几乎每餐都要喝酒,甚至在喝咖啡时,也要掺上一些酒。

意大利人忌讳菊花。

■ **案例分析**

尴尬的礼品

某航空公司接待了一个意大利商务访问团,在安排客人游览完苏杭美景后,赠给客人带有地方特色的菊花图案的丝绸手帕,不料一番好意却惹恼了客人,原本兴致勃勃的意大利客人变得情绪恼怒。

评析:

意大利人忌讳菊花。因为菊花是用于葬礼的花,故人们把它视为"丧花"。他们忌以手帕为礼送人。认为手帕是擦泪水用的,是一种令人悲伤的东西。所以,给意大利人送手帕是失礼的。

8 俄罗斯

俄罗斯主要人口是俄罗斯人,居民大多数信奉东正教。

1) 日常交往礼仪禁忌

俄罗斯人性格开朗、豪放、集体观念强。他们和人见面,大都行握手礼,拥抱礼也是常施的一种礼节。他们还有施吻礼的习惯,但对不同人员,在不同场合,所施的吻礼也有一定的区别。朋友之间以吻面颊者为多;长辈对晚辈以吻额表示亲切和慈爱;男性对特别尊敬的已婚女性，一般多行吻手礼，以示谦恭和崇敬。

俄罗斯人在待客中，常以"您"字表示尊敬和客气；而对亲友往往则用"你"字相称，表示出对亲友的亲热和友好。外出时，十分注重仪容仪表，保持衣冠规整。男子外出活动时，一定要把胡子刮净；赴约要准时；在社交场合，处处表现出尊重女性。

和俄罗斯人说话，要坦诚相见，不能在背后议论其他人，更不能说他们小气；对女性要十分尊重，忌讳问年龄和服饰价格等。绝不能在街上丢弃任何东西，这种行为有损俄罗斯的整洁，而且是违规的。俄罗斯人重视文化教育，喜欢艺术品和艺术欣赏。因此，和他们谈论艺术是很受欢迎的。

2）餐饮禁忌

主人用面包和盐招待客人，是最隆重的礼节。俄罗斯人一般不吃海参、海蜇、墨鱼、木耳。

3）数字、颜色等禁忌

俄罗斯人偏爱"7"，认为"7"预兆会办事成功，"7"还可以给人们带来美满和幸福。他们喜欢红色，把红色视为美丽和吉祥的象征。应邀去俄罗斯人家里做客时可带上鲜花或烈性酒，也可以送艺术品或图书。

俄罗斯人对盐十分崇拜，并视盐为珍宝和祭祀用的供品，认为盐具有驱邪除灾的力量。如果有人不慎打翻了盐罐，或是将盐撒在地上，便认为是家庭不和的预兆。为了摆脱凶兆，他们习惯将打翻在地的盐拾起来撒在自己的头上。

（三）非洲国家

1 埃及

埃及地跨非、亚两洲，国教是伊斯兰教。

1）日常交往礼仪禁忌

埃及人正直、爽朗、宽容、好客。他们往往以幽默的心情来应付严酷的现实生活。

在埃及，男士不要主动和女士攀谈；不要夸人身材苗条；不要称道埃及人家里的东西，否则会认为你在向他索要；不要和埃及人谈论宗教、政局及男女关系。

在埃及，进伊斯兰教清真寺务必脱鞋。

2）餐饮禁忌

埃及人通常以"耶素"（不发酵的平圆形埃及面包）为主食，进餐时与"富尔"（煮豆）、"克布奈"（白乳酪）、"摩酪赫亚"（汤类）一并食用。他们喜食羊肉、鸡肉、鸭肉、鸡蛋，以及豌豆、洋葱、南瓜、茄子、胡萝卜、土豆等。在口味上，一般要求清淡、甜、香、不油腻。烤全羊是他们的佳肴。

他们习惯用自制的甜点招待客人，客人如果谢绝，会让主人失望。

埃及人用正餐时忌讳交谈，否则会被认为是对神的亵渎。埃及人一般都遵守伊斯兰教教规，忌讳喝酒，喜欢喝红茶。他们有饭后洗手，饮茶聊天的习惯。忌吃猪肉、狗肉、动物内脏（肝除外）等。

3）颜色、图案禁忌

埃及人遇丧事穿黄衣服，喜欢金字塔型莲花图案。禁穿有星星图案的衣服，有星星图案的包装纸也不受欢迎。忌讳数字"13",认为它是消极的。吃饭时要用右手抓食,不能用左手。不论送给别人礼物或是接受别人礼物,要用双手或者右手,千万别仅用左手。

2 南非

1)日常交往礼仪禁忌

总体来说,南非社交礼仪,用两个词来概括:"黑白分明""英式为主"。南非地区因受种族、宗教、习俗等方面的制约,黑人和白人之间遵守的社交礼仪也相应的有些不同。白人社会中常用的社交礼仪是英式礼仪,见面时,习惯用握手礼,交往时,称谓一般是"先生""小姐""夫人"等。黑人部族中的风格则不同,如习惯以鸵鸟毛或孔雀毛赠予贵宾,客人得体的做法是将珍贵的羽毛别在帽子或头发上。在南非需要注意的是,"Negro"和"Black"是禁语。忌讳强调肤色不同,最好按照国际惯例来称呼,南非人国家意识相当强烈,直呼国名更被当地人接受。

2)商务活动礼仪

南非人在服饰方面比较西化,在较正式的场合中,一般着装较端庄、严谨。官方和商务交往时,最好穿一些较保守的、颜色偏深的套装或裙装。

3)数字及其他禁忌

许多南非人信奉基督教,所以非常忌讳"13"这个数字。在南非,和当地人交谈时,不能目不转睛地盯着对方。

三、与宗教界人士交往应注意的礼俗

在现代社会里,宗教是一种不容忽略的客观存在。马克思主义认为:它实际上是人类社会发展到一定阶段时,所出现的一种社会的、历史的现象。同宗教界人士交往时最重要的是要端正对宗教的认识,掌握一些最基本的宗教礼仪。

(一)重视宗教

在实际工作与生活里,应当重视以下三点。

1 宗教信仰者众多

全球人口总数约为78亿人,而其中宗教信仰者就占了1/2以上。

2 宗教影响到习俗

在日常生活里,宗教与人们的风俗习惯相互影响。有学者认为:习俗本身就是"退休"的宗教,而宗教则又是固定化的习俗。

3 宗教作用到生活

宗教对人们的思想、文化、道德多有渗透,甚至直接作用于整个社会生活。例如,有的国家、民族、全国或全民信仰某种宗教，甚至将其确定为本国国教，或实行政教合一的制度。这样一来，宗教在该国或该民族社会生活中的作用便无处不在，不容忽视。

（二）依法办事

不论是接触宗教旅客还是处理宗教问题，都必须自觉地遵守我国宪法和有关法律、法规的具体规定，依法办事。

1 宗教信仰自由

我国《宪法》规定："中华人民共和国公民有宗教信仰自由。"因此，在我国，任何国家机关、社会团体和个人不得强制公民信仰宗教或者不信仰宗教，不得歧视信仰宗教和不信仰宗教的公民。

2 坚持独立自主

我国《宪法》规定："宗教团体和宗教事务不受外国势力的支配。"在涉外交往中，坚决抵制外来势力干涉我国的宗教团体和宗教事务。

3 规定活动范围

为不影响人们的工作、学习和生活，我国规定：在宗教场所及按宗教习惯在教徒家中进行的一切正当的宗教活动，均由宗教组织或教徒个人自理，别人不得以任何形式予以干预。但是，不允许宗教组织或教徒在宗教场所或教徒家中以外的地方进行传教、布道活动。

4 制止非法活动

我国《宪法》明确规定："国家保护正常的宗教活动。"但又同时强调："任何人不得利用宗教进行破坏社会秩序、损害公民身体健康、妨碍国家教育制度的活动。"遇到非法活动，应通过正规途径上报相关部门。

5 注意自身身份

按规定，在境外参加活动时，未经上级机关批准，或未经东道主安排、邀请，一般不应主动要求参加当地的宗教活动。即便可以参加境外宗教活动时，也应以不触犯当地法律、不干涉所在国内政、不介入当地宗教纠纷、不损害我国的国家利益为前提。

（三）注意态度

凡涉及宗教问题或者与宗教界人士进行接触时，有必要注意自身的态度，给予对方以必要的尊重。

1 尊重我国宗教信仰者

在接触国内的宗教信仰者时，在对方遵守国家相关法律法规的情况下，对对方的个人信仰与宗教活动表现出应有的尊重。

2 尊重外国宗教信仰者

对外国人正当的宗教信仰,不得制止、干涉或妄加非议。与外方人员接触时,倘若涉及宗教问题,不要不懂装懂。确有必要参加外方宗教活动时,一定要尊重对方的宗教礼仪。

■ 案例分析

不悦的用餐服务

刘敏是位乘务员,当天所飞航班接待了一批来自中东地区某国的考察团。飞行途中,在用餐后刘敏开始收拾餐后垃圾,"左撇子"的刘敏不假思索地伸出左手去接一位来自中东地区的旅客的餐盒,旅客见此情景脸色骤变,不但没有将餐盒递到刘敏的手中,而且非常生气地将餐盒重重地放在背板上,并不再理睬刘敏,这是为什么?

评析:

《礼记》云:"入境而问禁,入国而问俗,入门而问讳。"作为从事民航服务工作的刘敏,理应对中东地区的宗教礼仪有基本的了解,但她却忽略了这一点。中东地区是伊斯兰教教徒较为集中的地区。按伊斯兰教教规习俗,左手是拿不干净东西的,故在人际交往中,忌用左手递接物品。当旅客用右手递送餐盒时,刘敏应用右手接取,但她仍然按自己的习惯用左手去接,这是触犯了中东地区的宗教忌讳,而且是对旅客的极大侮辱,所以旅客满脸怒容,不再理睬她了。

■ 知识链接

中法餐饮礼仪禁忌比较

众所周知,不论在任何年代、任何国家,饮食都是生活中不可或缺的重要部分。在人类文明中,餐饮文化也占据着重要位置。中国的餐桌禁忌与法国存在很多不同之处,在中国,人们请客吃饭非常享受宴饮的热闹气氛;法国人将"吃"视为一大人生乐事,他们认为美食不仅是一种享受,更是一种艺术。

1. 餐桌选择禁忌

中华民族由于长期受到农耕文化和中国古典哲学思想"和"的影响,形成了"大团圆"的意识观念。在中国,凡是重要宴席的餐桌都选择圆桌,单从外形上就能体现出团结和睦,实质上也是中国人看重集体观念的表现,更是中国人对公平分配物质的向往,因为圆桌上的食物距离每个人都是相等的。而在西方,由于文艺复兴和启蒙运动时期强调"理性"及"以人为本"的人生理念,人们常追求"个性解放",这也体现在西方人对餐桌的选择上。法国人倾向于使用方形桌,因为方桌突出了个人位置感,使个人的价值得到凸显。而圆桌上每个人都能看到所有人,这似乎是对个人隐私的一种侵犯。而且法国人都有自己的餐具和分配均匀的食物。

2. 餐桌座次禁忌

中国餐桌文化历史悠久，无论是便宴还是家宴，最忌讳的就是席位座次不清、主宾尊卑无序、师生无别。因此宴请时，每张餐桌上的具体位置应当有清晰的区分，排列位次的方法基本有以下4点：①中座为尊原则。三人一同就座用餐，坐在中间的人在位次上高于两侧的人。②右高左低原则。两人一同并排就座，通常以右为上座，以左为下座。这是因为中餐上菜时多以顺时针的方向为上菜方向，靠右坐的人因此要比靠左坐的人优先受到照顾。③面门为上原则。用餐的时候，按照礼仪惯例，面对正门者是上座，背对正门者是下座。④特殊原则。高档餐厅里，往往有优美的景致或高雅的演出供用餐者欣赏，这时，观赏角度最好的座位是上座。在某些中低档餐馆用餐时，通常以靠墙的位置为上座，靠过道的位置为下座。

在法国，也有着一套独特的法式餐桌文化，前面提到西方一般都使用方桌，法国餐桌席位次序的禁忌主要体现在以下几个方面：①异性二人同去就餐，男士应请女士坐在自己的右边，不应让她坐在人来人往的过道一侧。②夫妇同席，女士应在靠墙的一边，男士坐在女士对面。③入座或离座均应从座椅的左侧进出，忌从右侧或直接拉开椅子，这是没有礼貌和风度的表现。④在宴席中，忌男士先入，不顾女士，这样做会令女士对男士感到厌恶。

（来源：冀彦君，贾秀英. 中法宴请礼仪比较——餐桌禁忌[J]，中北大学学报（社会科学版），2014(1).）

任务二　中外主要节日及礼仪

民航服务人员在涉外交往中应了解中外主要节日及礼仪，掌握世界各国具有代表性的节日和礼仪，理解不同节日的特点，这有助于帮助我们减少涉外服务中可能遇到的尴尬，同时让人与人之间的交流更愉悦，让服务更精准也更个性化。

一、中国主要传统节日

（一）春节

时间：农历正月初一至正月十五
英文：Spring Festival
释义：春节是农历的一岁之首，俗称"大年"，春节第一天也叫"大年初一"。
起源：春节在中国大约有四千多年的历史了。它是中国民间最热闹、最隆重的一个传统节日。古代的春节，是指农历二十四个节气中的"立春"时节，南北朝以后才将春节改在一年岁末，并泛指整个春季，这时大地回春，万象更新，人们便把它作为新的一年的开始。到了辛亥革命后的民国初年，改农历为公历（阳历）后，便将正月初一定为春节。直到1949

年9月27日,中国人民政治协商会议上才正式把农历正月初一至正月十五的新年定为"春节",因而至今仍有许多人将过春节叫过年。

习俗:守岁、放鞭炮、贴春联、拜年、吃饺子。

(二)元宵节

时间:农历正月十五

英文:Lantern Festival

释义:元宵节是中国一个重要的传统节日。正月十五的晚上是农历一年中第一个月圆之夜,也是一元复始、大地回春之时,人们对此加以庆祝,也是庆贺新春的延续,即农历正月十五日。在古书中,这一天称为"上元",因此又称"上元节",其夜称"元夜""元夕"或"元宵"。而元宵这一名称一直沿用至今。

习俗:由于元宵节有张灯、看灯的习俗,民间又称其为"灯节"。此外还有吃元宵、猜灯谜、赏花灯等风俗。

(三)清明节

时间:公历四月五日前后

英文:Tomb Sweeping Day

释义:清明节是中国最重要的祭祀节日,是祭祖和扫墓的日子。扫墓俗称上坟,是祭祀死者的一种方式。

习俗:按照旧的习俗,扫墓时,人们要携带酒食果品、纸钱等物品到墓地,将食物供奉在亲人墓前,再将纸钱焚化,为坟墓培上新土,然后叩头行礼祭拜。唐代诗人杜牧的七言绝句《清明》中的"清明时节雨纷纷,路上行人欲断魂"写出了清明节的特殊气氛。

清明节,又叫踏青节,按公历来说,它是在每年的四月四日至六日,正是春光明媚、草木吐绿的时节,也正是人们春游(古代叫踏青)的好时候,所以古人有清明踏青,并开展一系列体育活动的习俗。

(四)端午节

时间:农历五月初五

英文:Dragon Boat Festival

释义:每年农历五月初五为"端午节",这是中国一个古老的传统节日。"端午"本名"端五","端",是"初"的意思。因为人们认为"五月"是恶月,"初五"是恶日,因而避讳"五",改为"端午"。端午节早在西周初期即有记载,当时并非为纪念屈原而设立的节日,但是之后端午节的一些习俗受到了纪念屈原活动的影响。

习俗:赛龙舟、吃粽子、饮雄黄酒、佩香囊等。

(五)七夕节

时间：农历七月初七

英语：Chinese Valentine's day

释义：每年农历七月初七称"七夕"。中国民间传说牛郎织女此夜在天河鹊桥相会。所谓"乞巧"，即在月光下对着织女星用彩线穿针，如能穿过七枚大小不同的针眼，就算很"巧"了。有农谚说："七月初七晴皎皎，磨镰割好稻。"这也是磨镰刀准备收割早稻的时候。

习俗：女性于七夕夜向织女星穿针乞巧。受西方国家的影响，中国越来越多的情侣把这天视为中国情人节，男女双方会互赠礼物或外出约会。

(六)中秋节

时间：农历八月十五

英文：Mid-Autumn Festival

释义：农历八月十五，这一天正当秋季的正中，故称"中秋"。到了晚上，月圆桂香，过去人们把中秋节看作大团圆的象征，要备上各种瓜果等，是赏月的佳节，中秋节还要吃月饼。

习俗：中秋夜人们会备上各种瓜果和月饼等到庭院中赏月。

(七)重阳节

时间：农历九月初九

英文：Double Ninth Festival

释义：重阳节为传统节日，又称"老人节"。因为《易经》中把"六"定为阴数，把"九"定为阳数，九月初九，日月并阳，两九相重，故而叫重阳，也叫重九。重阳节早在战国时期就已经形成，到了唐代，重阳被正式定为民间的节日，此后历朝历代沿袭至今。重阳又称"踏秋"，与三月初三"踏春"相仿，皆是举家而出，重阳这天所有亲人都要一起登高"避灾"，插茱萸、赏菊花。自魏晋以来重阳节气氛日渐浓郁，成为历代文人墨客吟咏较多的几个传统节日之一。

习俗：每到重阳，人们就会想起王维写的"独在异乡为异客，每逢佳节倍思亲。遥知兄弟登高处，遍插茱萸少一人"。自古以来，重阳节就是人们敬老爱老、思念双亲、渴望团圆的日子。具体习俗有登高、吃重阳糕、赏菊并饮菊花酒、插茱萸和簪菊花等。

二、中国现代重要节日

根据1949年12月23日政务院发布、2013年12月11日修订的《全国年节及纪念日放假办法》，国家认定的节日(纪念日)包括：新年、春节、清明节、劳动节、端午节、中秋节、国庆节、妇女节、青年节、儿童节、中国人民解放军建军纪念日，以及二七纪念日、五卅纪念日、七七抗战纪念日、九三抗战胜利纪念日、九一八纪念日、教师节、护士节、记者节、植树节等。

其中传统节日前已介绍，下面介绍现代主要节日(纪念日)。

(一) 新年

公历的 1 月 1 日，是世界多数国家通称的"新年"，我国也称"元旦"。元，谓"始"，凡数之始称为"元"；旦，谓"日"；"元旦"意即"初始之日"。

(二) 劳动节

劳动节即五一国际劳动节，是世界上 80 多个国家的全国性节日。1889 年 7 月，由恩格斯领导的第二国际在巴黎举行代表大会，会议通过决议，规定 1890 年 5 月 1 日国际劳动者举行游行，并决定把 5 月 1 日这一天定为国际劳动节。中国中央人民政府政务院于 1949 年 12 月作出决定，将 5 月 1 日确定为劳动节。

(三) 妇女节

妇女节即国际劳动妇女节，是在每年的 3 月 8 日为庆祝妇女在经济、政治和社会等领域作出的重要贡献和取得的巨大成就而设立的节日，是世界许多国家都庆祝的节日。

(四) 青年节

青年节即五四青年节，源于中国 1919 年反帝爱国的"五四运动"。五四运动是一次彻底的反对帝国主义和封建主义的爱国运动，也是中国新民主主义革命的开端。青年节期间，中国各地还会举行丰富多彩的纪念活动，青年们集中进行各种社会志愿服务和社会实践活动，还有许多地方在青年节期间举行成人仪式。

(五) 儿童节

儿童节即国际儿童节，定于每年的 6 月 1 日，为了悼念 1942 年 6 月 10 日的利迪策惨案和全世界所有在战争中死难的儿童，反对虐杀和毒害儿童，以及保障儿童权利。

(六) 护士节

护士节即国际护士节，是每年的 5 月 12 日，为纪念现代护理学科的创始人弗洛伦斯·南丁格尔，于 1912 年设立的节日。其基本宗旨是倡导、继承和弘扬南丁格尔不畏艰险、甘于奉献、救死扶伤、勇于献身的人道主义精神。

（七）教师节

教师节旨在肯定教师为教育事业所做出的贡献。中国曾多次将不同的日期定为教师节，直到 1985 年，第六届全国人大常委会第九次会议通过了国务院关于建立教师节的议案，确定 9 月 10 日为教师节。

（八）国庆节

国庆节是由一个国家制定的用来纪念国家本身的法定纪念日。中国古代把皇帝即位、诞辰称为"国庆"。如今，中国国庆节特指中华人民共和国正式成立的纪念日 10 月 1 日。这种特殊纪念方式，承载了这个国家、民族的凝聚力。同时国庆日上的大规模庆典活动，也是政府动员力与号召力的具体体现。

（九）中国人民解放军建军纪念日

中国人民解放军纪念日又称"八一建军节"，定为每年的 8 月 1 日，由中央人民革命军事委员会设立，是为纪念中国工农红军（中国人民解放军前身）成立而设立的节日。

（十）七七抗战纪念日

1937 年 7 月 7 日，日本帝国主义发动了全面侵华战争，在中国共产党倡导和建立的抗日民族统一战线的指导下，中国人民经过艰苦卓绝的抗争，终于取得了抗日战争的胜利，为反法西斯战争的胜利作出了重大贡献。七七抗战纪念日旨在通过纪念抗日战争胜利，铭记历史、缅怀先烈、珍爱和平、开创未来。

（十一）九一八纪念日

九一八事变是指 1931 年 9 月 18 日在中国东北爆发的一次军事冲突和政治事件。日本军队以中国军队炸毁日本修筑的南满铁路为借口而侵占沈阳，三个月之内侵占中国东北全境，并成立伪满洲国。9 月 18 日被视为"国耻日"。每年的九一八纪念日活动旨在警示中华儿女不忘国耻，长鸣警钟，自强不息。

三、外国具有影响力的节日

1 情人节

情人节，又称圣瓦伦丁节。起源于古代罗马，为每年 2 月 14 日，现已成为欧美各国青年人喜爱的节日。关于"圣瓦伦丁节"名称的来源，说法不一。有的说是纪念一位叫瓦伦丁的基督教殉难者,他因反抗罗马统治者对基督教徒的迫害,被捕入狱,并在公元 270 年 2 月 14 日被处死刑,行刑前,瓦伦丁曾给典狱长的女儿写了一封信,表明了自己光明磊落的心迹和对她的一片情怀。后来,基督教便把 2 月 14 日定为情人节。

❷ 复活节

复活节是基督教的重大节日,根据东西方教会的差异,节期在 3 月 22 日至 4 月 25 日。

典型的复活节礼物跟春天和再生有关系,一般有鸡蛋、小鸡、小兔子、鲜花,百合花是这一节日的象征。复活节前夕,人们会给鸡蛋着色装饰一番。

复活节那天早上,孩子们会发现床前的复活节篮子里装满了彩蛋、复活节小兔子、有绒毛的小鸡及娃娃玩具等。据说复活节兔子会将彩蛋藏在室内或是草地里让孩子们去寻找。一年一度的美国白宫滚彩蛋活动经常被电视台实况转播。

❸ 感恩节

感恩节是西方传统节日,是美国、加拿大人感谢上帝赐予一年一度丰收的节日。加拿大感恩节为每年 10 月第二个星期一,美国感恩节为每年 11 月第四个星期四。

每逢感恩节这一天,美国举国上下非常热闹。城乡市镇到处举行化装游行、戏剧表演和体育比赛等,学校和商店也都按规定放假休息。当天教堂里的人也格外多,按习俗人们在这里都要做感恩祈祷。感恩节,是家人团圆的日子,他们从天南海北归来,一家人围坐在一起,大嚼美味火鸡,畅谈往事。

❹ 圣诞节

圣诞节是纪念耶稣诞生的节日。耶稣诞生在犹太的一座小城——伯利恒。当时,圣母玛利亚在与丈夫若瑟返回家乡时所有的旅店客满,玛利亚在马槽里产下耶稣。当耶稣安详地睡在马槽,在遥远的东方有三位牧羊人追随天上的一颗明亮的星星找到耶稣,并朝拜他。牧羊人在旷野中听到有天使的声音从天上发出,向他们传来耶稣诞生的佳音。后来,人们在 12 月 25 日庆祝圣诞节。

西方人以红、绿、白三色为圣诞色,圣诞节来临时家家户户都要用圣诞色来装饰。红色的有圣诞花和圣诞蜡烛。绿色的是圣诞树。圣诞树是圣诞节的主要装饰品,用砍伐来的杉、柏一类呈塔形的常青树装饰而成,上面悬挂着五颜六色的彩灯、礼物和纸花。

任务三　世界各国色彩、数字和花木的礼仪寓意

世界各国色彩、数字和花木的礼仪寓意不尽相同,民航服务人员应掌握不同国家的色彩、数字和花木的寓意和禁忌,并且在合适的时机恰当地运用。这既可以有效地提升民航服务人员的服务品质,也可以展现民航服务人员的良好的职业素养。

一、色彩的礼仪寓意

色彩作为一种普及的审美形式,无处不在又充满生机。人们对色彩的感受并非相同。不同的年龄、性格、爱好、兴趣、气质、修养等,对色彩的反映迥然不同;同时,处于不同的社会、文化、艺术、风俗等背景下的人,对色彩的感悟也是千差万别的。色彩也广泛地影响着人们的日常生活、宗教、礼仪等诸多方面,形成了一套独特的色彩礼仪寓意。

(一) 中国文化体系中的色彩

中国是一个多民族国家,不同地域、不同民族形成了各自不同的色彩信仰和审美习惯,但是以汉民族为主体的中华文化观念,仍然是影响各民族色彩审美的主要因素,以"五行说"为核心的色彩体系影响深远而又广泛,在一些少数民族的服饰与建筑装饰上也不断出现。

1. 以"五色"为中心的色彩体系

"五色"发源于五行。"五行"是中国古老哲学观念的一个重要内容,涵盖了时辰、气候、方位、神灵、人文社会等物质与精神的各个方面。"五行说"将天地宇宙、万物万象按照东、西、南、北、中五个方位对应起来,进而解释万物万象相辅相成、相互对应的关系。"五色"则对应五方,带有强烈的象征意义,即所谓东方者太昊,其色属青,故称青帝,以掌春时;南方者炎帝,属火,赤色,故称赤帝,以司夏日;居天下之中者黄帝,其色属黄,支配四方;西方者少昊,其色属白,故称白帝,掌管金秋;北方者颛顼,其色属黑,故称黑帝,以治冬日。"五行"给"五色"赋予了特殊的文化内涵。

中国传统色彩体系以"五色"为主体,创造了以不同主色调为中心的配色形式。而"五色"在我国礼仪、婚嫁的装饰、服装刺绣装饰、戏剧脸谱装饰及宗教绘画中运用较多,体现了一种对昌盛、辉煌世界的向往。楚汉时期漆器装饰上所创造的"杂五色"是在正五色的基础上配以其他间色,其装饰效果更加绚丽多彩。

2. 色彩的象征

以下对不同色彩所反映出来的象征性进行简单介绍。

1) 红色

红色象征热情、激动、兴奋。属于一种前进色,特别引人注目,使人联想起太阳、火焰、鲜血和生命。在我国,"中国红"象征喜庆、吉祥、幸福,故婚礼服中喜用红色。生活中穿上红色可以显得活泼生动。红色宜与白、黑等色搭配。

2) 橙色

橙色象征温暖、明亮、华丽。给人一种富丽明快之感。有些餐馆、酒吧选用橙色台布或服务员身着橙色制服,目的是给人温暖的感觉。

3) 黄色

黄色象征光明和希望。是一种明亮、引人注目的色彩。历代帝王崇尚黄色,认为黄色是天地象征,皇上选用黄色作为服饰色彩,代表着至高无上。黄色还有着浓郁的宗教色彩,

代表着佛祖的旨意和弘法恩典,意味着崇高、神圣。

4)绿色

绿色象征宁静、清新、明媚。这是大自然的色彩,被称为生命之色,让人联想起田野、草原、植物等。植物的绿色是和平、安宁的象征,也是朝气和生机的表现,其中橄榄绿、青苔绿适宜各种肤色的人穿着。

5)蓝色

蓝色象征寒冷、深远、神秘。蓝色是天空和海洋的色彩,它显得神秘而高远。蓝色让人联想到万里晴空、浩瀚的大海,给人以柔和、沉静、理智的感觉。蓝色如运用得当,让人有高雅、深远的感觉。

6)紫色

紫色象征高贵、优雅、神秘。紫色有时也给人高不可攀的感觉,代表地位和财富。紫色中较受欢迎的是淡紫色和深紫色。

7)白色

白色象征明净、高洁、雅致。这是一种无彩色,让人联想起纯洁、飘逸之感。西方人通常选白色为婚礼服的颜色,他们把白色视为爱情纯洁和坚贞的象征。有些地区认为白色是吉利和祥瑞的象征,是善的化身,它代表纯洁、温和、善良、慈悲、吉祥,而有些地区则视白色为丧色,象征悲哀、忧伤。

8)黑色

黑色象征寂寞、远逝、严肃。它也是一种无彩色。黑色服饰给人以庄重、利落之感。黑色可以隐藏身材的缺点,使身材显得更苗条。

9)灰色

灰色象征素静、朴实、稳重。灰色是一种中和色。任何人穿灰色似乎均很和谐,也可以显示出时尚感。

(二) 其他各国对色彩赋予的礼仪寓意

1 日本

日本的传统四色是红、白、蓝、黑。其中红色是明亮的意思;白色被赋予完美、理想、优秀的意义;蓝色也有独特之处,泛泛的蓝在日语中叫"青",代表知性与高尚;黑色意义较为复杂,有时候意味着失败、阴险与悲伤,但在柔道、空手道中,黑带代表段位高的选手。金色是超越一切颜色的存在,日本皇室的徽章用的是金色。

2 韩国

在韩国,色彩寓意最具代表性的是韩国国旗——太极旗,太极旗中的红色代表阳,蓝色代表阴,四角的卦代表阴阳合一,象征平衡与和谐,底色是白色,象征着韩国人民对和平的向往和期待和谐的理想。朝鲜族从古至今崇尚白色,尤其爱穿白色衣服。

3 新加坡

新加坡人视红色为庄严、热烈、兴奋、勇敢和宽宏之象征,也喜欢蓝色和绿色,有些场合忌黑色。

4 泰国

泰国是一个对颜色非常敏感的国家，不同颜色代表不同的含义。泰国一周每一天都有不同的代表颜色，至今仍流行着传统的"星期色"，星期日为红色，星期一为黄色，星期二为粉红色，星期三为绿色，星期四为橙色，星期五为蓝色，星期六为紫色。王室成员穿着衣服的颜色每天一色，不能改变，否则被视为自贬身份。泰国国旗由红、白、蓝三色色带组成，其中红色代表民族和各族人民的力量与献身精神；白色象征宗教的纯洁；蓝色代表至高无上的王室。

5 美国

美国人喜爱白色，认为白色是纯洁的象征，也喜欢蓝色和红色，美国的国旗便由红、白、蓝三种颜色组成。他们认为黑色是肃穆的象征，在葬礼上常用黑色。

6 加拿大

加拿大政府在制定国徽时，有人建议红、白两色代表国家的颜色，并得到了采纳。枫树是加拿大的国树，加拿大人喜欢用火红的枫树图案进行装饰。

二、数字的礼仪寓意

世界上许多国家都有各自的数字礼仪，常见的数字在不同的国家可能会有不同的寓意和禁忌。例如，中国人通常喜欢数字"6""8"，认为 6 寓意"六六大顺"，"8"近音"发"，有发财之意；较忌讳数字"4"，因其近音"死"，被视为不吉利。日本人忌讳数字"4"（与"死"同音），忌讳数字"9"（与"苦"同音）。英国、美国、法国、俄罗斯等西方国家通常忌讳数字"13"与"星期五"，这与他们的宗教信仰有关。

三、花木的礼仪寓意

花木，千姿百态，其色彩、风韵不仅给人以美感，在人们心目中还有它特定的象征意义。现代人常常将花卉进行包装，使其成为交往活动中的一种高雅礼品。因此，花卉在节日、社交、礼仪和在各国习俗中也显得尤为重要。

（一）中国常见吉祥花木

1 梅花

梅花是中国传统名花，它不仅以清雅俊逸的风度使古今诗人画家为它赞美，更以它的冰肌玉骨、凌寒留香被喻为民族的精华而为世人所敬重。中国历代文人志士爱梅、颂梅者极多。梅以它的高洁、坚强、谦虚的品格，给人以立志奋发的激励。在严寒中，梅开百花之先，独天下而春，因此梅又常被民间作为传春报喜的吉祥象征。有关梅的传说故事、梅的美好寓意在我国流传深远,应用极广。

2 竹

青翠挺拔,奇姿出众。每当寒露突降,百草枯零时,竹却能临霜而不凋,可谓四时长茂。竹竿节节挺拔,有蓬勃向上之势。人们赋予它性格坚贞、高风亮节、虚心向上、风度潇洒的"君子"美誉。它与梅、兰、菊、松一样,既有出众的奇姿,又有高尚的品格而深受文人志士的偏爱,被择入"岁寒三友"和"四君子"之列。历史上许多文人爱为它们赋诗、投墨,予以赞美。在民间传统中有放爆竹以除旧迎新、除邪恶报平安的习俗。所以竹在中国的装饰绘画上亦被作为平安吉祥的象征。

3 松

松树是一种生命力极强的常青树,不管冰冻风寒,依然葱茏茂盛。人们赋予它意志刚强、坚贞不屈的品格,与竹、梅一起比作"岁寒三友",并予以敬重。民间更爱它的常青不老,在传统装饰中它是长寿的代表。

4 兰花

兰花是中国传统名花,是一种以香著称的花卉。它幽香清远,一枝在室,满屋飘香。古人赞曰:"兰之香,盖一国",故有"国香"的别称。兰的叶终年常绿,多而不乱,仰俯自如,姿态端秀,别具神韵。它的花素而不艳,亭亭玉立。它的叶、花、香独具四清(气清、色清、神清、韵清),给人以极高洁、清雅的优美形象。古今名人对它评价极高,被喻为花中君子。在古代文人中常把诗文之美喻为"兰章",把友谊之真喻为"兰交",把良友喻为"兰客"。

5 水仙

水仙冰肌玉骨,清秀优雅,仪态超俗,雅称"凌波仙子"。水仙开花于新春佳节之际,被视为新岁之瑞兆,也是吉祥之花。

6 菊花

菊花是中国传统名花。它隽美多姿,不以娇艳姿色取媚,却以素雅坚贞取胜,盛开在百花凋零之后。人们爱它的清秀神韵,更爱它凌霜盛开,西风不落的一身傲骨。中国人赋予它高尚坚强的品格。菊作为傲霜之花,一直为诗人所偏爱,古人尤爱以菊名志,以此比拟自己的高洁情操和坚贞不屈。菊花又被赋予了吉祥、长寿的含义。例如,菊花与喜鹊组合表示"举家欢乐",菊花与松树组合为"益寿延年"等。

7 莲花

莲花在佛教中被认为是西方净土的象征,是孕育灵魂之处。佛身多置于莲花之上,所以佛座亦称莲座。历代诗人赞美莲花,如"出淤泥而不染,濯清涟而不妖",把莲花喻为君子,赋以圣洁的形象。莲花亦称荷花,是人寿年丰的预兆和纯真爱情的象征。莲花以它那美、爱、长寿、圣洁的综合象征成为中国人喜爱的名花,因与"连"同音而常组合在传统的吉祥图案中。

8 萱草

萱草又称黄花菜。其叶丛生,粗看像兰叶,花朵状如漏斗。母株开花六至九朵,千姿百态。中国历代诗人的眼中把萱草看作使人忘忧消愁、怡养心情的花卉。因此,萱草又称"忘忧草"。

9 灵芝

灵芝又有瑞芝、瑞草之称。在神话传说中,食之可保长生不老,甚至登仙。因此,它被视为吉祥之物。例如,鹿口衔灵芝表示长寿,如意的头部取灵芝之形以示吉祥。

10 牡丹

牡丹是中国传统名花,它端丽妩媚,雍容华贵,兼有色、香、韵三者之美,让人为之倾倒。历史上不少诗人为它作诗赞美。比如唐诗赞它"佳名唤作百花王",又如宋人写有"牡丹,花之富贵者也"。"百花之王""富贵花"亦因之成了赞美牡丹的别号。唐朝人更爱牡丹,会在牡丹花盛开的季节,举行牡丹盛会,百姓倾城而出,如醉似狂。皇宫中人亦爱牡丹,诗人李正封赞它为"国色""天香",唐皇极为赞赏。"国色天香"亦从此成了牡丹的又一雅号。牡丹以它特有的富丽、华贵和丰茂,在中国传统文化中被视为繁荣昌盛、幸福和平的象征。

(二) 常见节令花木

常见节令花木如表6-1所示。

表6-1 常见节令花木

时 间	节 令	品 种
农历正月十五/农历七月初七/公历2月14日	情人节	红玫瑰
公历3月22日至4月25日	复活节	百合花
公历4月5日前后	清明节	桃枝、柳枝、柏枝、菊花
公历5月第2个星期天	母亲节	康乃馨
农历五月初五	端午节	菖蒲、艾蒿
公历6月1日	儿童节	向日葵
公历6月第3个星期天	父亲节	黄玫瑰、白玫瑰、红玫瑰
公历9月10日	教师节	向日葵、剑兰、康乃馨
农历九月初九	重阳节	菊花、茱萸
公历12月25日	圣诞节	一品红(圣诞红)
农历正月初一至十五	春节	报春花、富贵竹、仙客来、富贵菊、报岁兰

(三) 送花的禁忌

因民族、宗教、国别的不同,不同的鲜花往往有各自约定俗成的含义。只有对各种常见鲜花的寓意做一定的了解,才不至于好心办坏事。不同的习俗对于花的色彩也有不同的理解,比如我国喜爱红色的花,特别是结婚时送红色的花表示喜庆,而西方给新娘送白色的鲜花才是最好的祝福。

鲜花数量的不同也有不同的寓意。在中国,喜庆活动中送花要送双数,意思是"好事成双",在丧葬上一般要送单数。在我国沿海地区,送4枝花给别人不太可取,因为"4"的发音和"死"相近。而西方国家里送花讲究单数,但"13"这个数字是不可以用的。日本人喜欢奇数,如数字"3"等,但对"4"和"9"特别反感。

■ 知识链接

赠送礼物的中西文化差异

赠送礼物是古今中外人们实现相互往来,加强彼此联系,增进感情的共有方式。送礼是一种感情的投资,能缩短人与人之间的感情距离,便于人们的沟通交流,达成共识。世界各地人们在日常交往或重要节日都有送礼的习俗,但送礼一定要考虑,不能犯了送礼的禁忌,否则就可能弄巧成拙。

中国人自古以来受周公之礼、孔孟之道的影响,一向崇尚礼尚往来。《礼记·曲礼》里有一句经典名句"往而不来,非礼也;来而不往,亦非礼也"。中国人一直奉行"礼多人不怪"的做法。西方人在日常交往中,特别在传统的节日、生日、婚礼或探视病人时,一般都会送些小礼品,但西方人忌送重礼,因为重礼花钱多,会被认为是一种贿赂行为,会使人产生送礼是有求于人的感觉。

送花是西方人常用的一种送礼方式,以花送礼是一种高雅文明的礼仪行为。探亲访友、应约赴会,总要带上一束美丽的鲜花,以表示祝福和感谢。但送花很有讲究,一定要考虑送花的对象和场合,而且花的数量、种类以及颜色都有明确的象征意义。在选花时倘若不了解西方人的送花礼俗,送花不当,就会产生许多不必要的误会。西方人把奇数(13除外)当作幸运的象征,所以送花忌送偶数。中国人偏爱偶数,认为好事成双,双数能给人带来好运气。另外,送花还要注意花的颜色,忌讳单独送白色的花,如百合花在英国人和加拿大人眼中代表着死亡。这与中国的汉文化有惊人的相似之处,在中国,白色与死亡和丧事相联系,如"红白喜事"中的"白"指的就是丧事。人们在葬礼上常常臂挽黑纱,胸前带白色小花,以此表达对逝者的哀思。中国人普遍喜爱红色,它预示着吉祥、喜庆、祥和。

在西方国家,在日常和商业交往中,有很多送礼禁忌,如业务交往中忌讳送礼,避免有行贿嫌疑;朋友之间忌讳送有自己公司标志的礼物,否则会被认为有为自己公司做广告的嫌疑;男女之间忌讳送衣物、香水等私密的东西,避免暧昧的嫌疑;忌讳许多人在场时只给一个人送礼而使受礼者和旁人感到尴尬。西方人送礼一般都会有缘由,人们通常在重要的节日、结婚、婴儿出生等情况下才送礼,否则受礼者会对送礼者的意图感到迷惑。他们接受礼物时一般会马上表示感谢,当面拆看,与送礼人一起欣赏。有时送礼人还会对礼品作一些介绍。不论其价值高低,受礼者都会对礼物表示喜爱和赞赏,西方人认为这样做是对送礼者的一种尊重。而中国人收到礼物时常常会推辞一番,一般不好意思当着送礼者的面拆开,以表谦逊之意。

中国人送礼还有很多忌讳,如忌讳送钟,因为这个词的谐音会使人联想到"送终",寓意不吉利;千万不要送新婚夫妇梨和雨伞,因为"梨"与"离"谐音,"伞"与"散"谐音,会使人联想到分离和散伙;不能送人蜡烛,因为蜡烛一般是祭祀亡人用的;不能送异性朋友贴身用品,以免引起误解。其实中国人与西方人有些礼俗是相似的,送礼也主张"千里送鹅毛,礼轻情义重"。由此可见,赠送礼物这一习俗包含了非常丰富的文化因素。

(来源:根据相关资料整理。)

项目训练

1. 总结与各国人士交往的原则,和同桌进行交流。
2. 收集3—5条"女士优先"原则的具体案例。
3. 收集3—5条"以右为尊"原则的具体表现,在日常交往中实践。
4. 比较西方传统节日和习俗与中国传统节日和习俗的不同特点。

[1] 彭林.中华传统礼仪概要[M].北京:商务印书馆出版,2017.
[2] 金正昆.服务礼仪[M].北京:北京大学出版社,2005.
[3] 李荣建.社交礼仪[M].武汉:武汉大学出版社,2016.
[4] 蒋楠,熊茜,杨丽萍.公共关系礼仪[M].北京:科学出版社,2018.
[5] 刘佩华.中外礼仪文化比较[M].广州:中山大学出版社,2005.
[6] 丁永玲.服务礼仪与训练[M].武汉:武汉出版社,2011.
[7] 丁永玲,胡潇.民航服务礼仪[M].重庆:重庆大学出版社,2015.
[8] 向多佳,李俊.职业礼仪[M].北京:高等教育出版社,2020.
[9] 周为民,杨桂芹.民用航空服务礼仪[M].北京:清华大学出版社,2015.
[10] 盛美兰.民航服务礼仪[M].北京:中国民航出版社,2013.
[11] 陈淑君,刘永俊.民航服务礼仪[M].北京:清华大学出版社,2012.
[12] 刘玉梅,牛静.民航空乘礼仪教程[M].北京:中国广播电视出版社,2007.
[13] 方凤玲.空乘化妆教程[M].北京:国防工业出版社,2009.
[14] 纪亚飞.空姐说礼仪[M].北京:北京邮电大学出版社,2007.
[15] 安萍.民航服务沟通技巧[M].北京:清华大学出版社,2017.

教学支持说明

高等职业学校"十四五"规划民航服务类系列教材系华中科技大学出版社"十四五"期间重点教材。

为了改善教学效果,提高教材的使用效率,满足高校授课教师的教学需求,本套教材备有与纸质教材配套的教学课件(PPT 电子教案)和拓展资源(案例库、习题库等)。

为保证本教学课件及相关教学资料仅为教材使用者所用,我们将向使用本套教材的高校授课教师免费赠送教学课件或相关教学资料,烦请授课教师通过电话、邮件或加入旅游专家俱乐部 QQ 群等方式与我们联系,获取"教学课件资源申请表"文档,准确填写后发给我们,我们的联系方式如下:

地址:湖北省武汉市东湖新技术开发区华工科技园华工园六路

邮编:430223

电话:027-81321911

传真:027-81321917

E-mail:lyzjjlb@163.com

民航专家俱乐部 QQ 群号:799420527

民航专家俱乐部 QQ 群二维码:

扫一扫二维码,加入群聊。

教学课件资源申请表

填表时间：＿＿＿＿年＿＿月＿＿日

1. 以下内容请教师按实际情况填写，★为必填项。
2. 学生根据个人情况如实填写，相关内容可以酌情调整提交。

★姓名		★性别	□男 □女	出生年月		★职务	
						★职称	□教授 □副教授 □讲师 □助教

★学校		★院/系	
★教研室		★专业	
★办公电话		家庭电话		★移动电话	
★E-mail（请填写清晰）				★QQ号/微信号	
★联系地址				★邮编	

★现在主授课程情况		学生人数	教材所属出版社	教材满意度
课程一				□满意 □一般 □不满意
课程二				□满意 □一般 □不满意
课程三				□满意 □一般 □不满意
其 他				□满意 □一般 □不满意

教 材 出 版 信 息						
方向一		□准备写	□写作中	□已成稿	□已出版待修订	□有讲义
方向二		□准备写	□写作中	□已成稿	□已出版待修订	□有讲义
方向三		□准备写	□写作中	□已成稿	□已出版待修订	□有讲义

　　请教师认真填写表格下列内容，提供索取课件配套教材的相关信息，我社将根据每位教师/学生填表信息的完整性、授课情况与索取课件的相关性，以及教材使用的情况赠送教材的配套课件及相关教学资源。

ISBN（书号）	书名	作者	索取课件简要说明	学生人数（如选作教材）
			□教学　□参考	
			□教学　□参考	

★您对与课件配套的纸质教材的意见和建议，希望提供哪些配套教学资源：